3秒で顧客をつかむ！

コスト効果3300％の「展示会営業®」術！

「低コスト」で確実に売上をアップする弱者の戦略！

展示会営業®コンサルタント　清永《きよなが》 健一《けんいち》

はじめに
～展示会は、プッシュ型でもプル型でもない見込み客との出会いの場であり、ビジネスの縮図～

「うちの会社は**『見込み客との出会い』**がたくさんある。見込み客対応がありすぎて困っている。とにかく忙しいんだ。営業部門の人数は限られているのに、

「提案に来てくれ。」

「今すぐ来てくれ。」

と言われ続けて正直、もううんざりなんだ・・・」

こんにちは！　著者の清永健一（きよながけんいち）です。

私は展示会営業®コンサルタントという肩書で、日々あちこちを走り回っています。

さて、あなたの会社の業績は今どのような状況でしょうか？　右肩上がりでしょうか？　下降ぎみ？　それとも横ばいでしょうか？

どのような業績であったとしても、あなたの会社が、もしも冒頭のように、**『見込み**

客との出会い』が多すぎてうんざりしているという状況でないのなら、本書がお役に立てると確信しています。

わたしは、これまでコンサルタントとして1195社を超える企業の営業現場を見てきました。これだけたくさん見ているとだんだんわかってくることがあります。それは多くの企業が、ある共通の悩みを持っているということです。その悩みとは、**『見込み客との出会いが少ない』**というものです。

「見込み客と出会うことさえできれば、うちの良さをわかってもらえるのに・・・」

わたしの感覚値では9割以上の企業が、こんな風に思っておられます。

あなたの会社も**『見込み客との出会い』**に苦労しておられるのではないでしょうか？

『見込み客との出会い』、増やしたいですよね。では、どうすれば、増やすことができるのでしょうか？

見込み客と出会うにはさまざまな方法があります。ざっと挙げるだけでも、飛び込み、テレアポ、ＤＭ、広告、ＷＥＢ、ＳＮＳなどなど。これらはプッシュ型とプル型に分類できます。

飛び込み、テレアポ、DMはプッシュ型の手法で、広告、WEB、SNSはプル型の手法と言ってよいでしょう。プッシュ型、プル型どちらも局面によっては効果を発揮しますが、残念ながら弱点もあります。

プッシュ型の手法は、売り手から仕掛けていくので強引になりがちですし、人海戦術に頼らざるを得ない面があります。ですから、人手が不足している中小企業では積極的に強化しにくい手法と言わざるを得ません。

一方、買い手からの反応を待つプル型の手法は、その性質上、受け身になってしまいがちです。それに、WEBやSNSは個人客ならまだしも、法人を顧客とするビジネスでは活用しにくい面がありますね。こうしたことが、あなたの会社の**『見込み客との出会い』**をむずかしくしているのです。


ところで、あなたはご存知でしょうか?

プッシュ型でもプル型でもない見込み客と出会うための方法があることを。

そうです。**その方法こそが、本書のテーマ『展示会営業』**なのです。

ご存知の通り展示会とは、東京ビッグサイト、幕張メッセ、インテックス大阪、ポートメッセなごやなどの展示会場で開催される商品、サービス、情報を宣伝するための催しです。

展示会には、特定のテーマに関心を持った、数千から数万の見込み客が集まります。その中には、あなたの会社が以前から会いたくてたまらなかった意中の企業のキーマンもいるかもしれません。そうした魅力的な見込み客と出会い、直接、面と向かって対話できる手法こそが、展示会なのです。

わたしは、日本唯一の展示会営業®コンサルタント（展示会営業専門のコンサルタント。商標登録済）として、さまざまな業種業態の企業の展示会出展をご支援してきました。**展示会を『見込み客との出会いの場』として活用する**ことで、大きな成果を上げる企業を多数この目で見てきました。

・出展コストの3300％（33倍）の売上を実現した大阪のITシステムベンダーA社
・200万円の自社ブランド製品の受注数が3・7倍にアップした東京の工作機械卸B社

・フォロー方法を変更し63パーセントの受注率をたたき出した神戸の商業印刷C社
・見込み客の名刺を500枚獲得し、153件の受注に成功した千葉の教育研修会社D社
・案件化数5倍、受注数3倍を達成した神奈川の包装機材商社E社

これは一例です。実例や写真を私のホームページで公開していますのでご覧ください。

・https://www.pure-consul.com/voice/

しかし、残念ながら、全ての企業が展示会で大きな成果を手にしているわけではありません。せっかく展示会に出ても、全く売上につながらず、出展コストや時間を無駄にしてしまっている企業がたくさんあるのも事実です。

では、展示会で大きな成果を上げる企業と全く成果が出ない企業には、一体どのようなちがいがあるのでしょうか？

展示会には、「人がたくさん集まる**ブース**」もあれば「全く人が来ない**ブース**」もあります。一体何がちがうのでしょうか？

「繁盛している**ブース**」と「閑古鳥が鳴く**ブース**」の商材には、そんなに大きな差があるのでしょうか？「繁盛**ブース**」の商材が最高に優れた性能で、「閑古鳥**ブース**」の商材は欠陥品なのでしょうか？　決してそんなことはないはずです。「繁盛**ブース**」は、**展示会**で成果を上げるやり方を知っていて、「閑古鳥**ブース**」は、そのやり方を知らないだけなのです。

ここで、右の文章の「展示会」を「世の中」に、「ブース」を「企業」に読み替えてみてください。

世の中には、「人がたくさん集まる**企業**」もあれば「全く人が来ない**企業**」もあります。一体何がちがうのでしょうか？

「繁盛している**企業**」と「閑古鳥が鳴く**企業**」の商材には、そんなに大きな差があるのでしょうか？「繁盛**企業**」の商材が最高に優れた性能で、「閑古鳥**企業**」の商材は欠陥品なのでしょうか？　決してそんなことはないはずです。「繁盛**企業**」は、**世の中**で成果を上げるやり方を知っていて、「閑古鳥**企業**」は、そのやり方を知らないだけなのです。

いかがでしょうか？　読み替えてみることで、この現象が、展示会に限らず、さまざまなビジネスの現場で起こっていることだということにお気づきになったのではないでしょうか。そうなのです。展示会は、実は、さまざまなビジネスの縮図なのです。ですから、展示会で成果を上げるための正しいやり方を知れば、そのやり方は、マーケティング面、営業面において、世の中のさまざまなビジネスに転用することができるのです。

たとえば、**展示ブースでは、来場者を、わずか3秒で引き付ける**ことができなければ、成果につながりません。では、なぜ3秒なのでしょうか？

来場者の歩くスピードをイメージしてみるとわかるはずです。私の数多くの出展支援経験から考えると、来場者は、あなたのブースを物理的に約3秒で通りすぎてしまうのです。

実は、実際に100人ずついくつかの展示会場でストップウォッチをもって測ったのでほぼ正確だと思います。つまり、来場者をこの3秒で引き付けることが、勝負どころであり、展示会で成果を出すためには必須になるのです。まずはこれを知っていなければ、展示会で成果を出すことはできません。

そして、これは展示会に限らず全てのビジネスに共通することだと思いませんか？どのようなビジネスでも、見込み客に、まず興味を持ってもらわなければスタート地点に立てませんね。さらに、３秒とは言いませんが、どんなビジネスでも勝負どころではそれなりにスピード感が必要ですよね。グズグズしていてはダメでしょう？

それなのに、既存客からの追加注文があったり、代理店からの引き合いがあったりするため、この当たり前のことが疎かになってしまっているのです。展示会は、数十時間だけの展示会場という閉鎖された空間での闘いです。時間の縛りがあり、閉鎖空間であるがゆえに、こうしたあいまいさが排除されて、ビジネスの本質を突きつけられることになります。

いかがでしょうか？　わたしが、展示会はさまざまなビジネスと共通する点があり、その縮図だとお伝えしている意味と意図をおわかりいただけたのではないでしょうか？展示会で成果を出す営業手法は、さまざまなビジネスに転用できるものでもあるのです。

本書では、そんな展示会で、確実に成果を上げるための唯一の手法を公開していきます。

展示会での営業は、初心者にはハードルが高いと思われている分、まだまだ業界でライバルが少ない手法です。 また、**正しいやり方を知って取り組めば、必ず成果が出るおもしろい手法**でもあります。しかも、**やり方次第で、資金力や人数で大企業に劣る中小企業でも、大企業を凌駕することができる痛快さもあります！**

本書は、私の4作目ですが、特に自信作です。昨年、2018年5月に執筆した前著『飛び込みなしで「新規顧客」がドンドン押し寄せる「展示会営業」術』（ごま書房新社）で、展示会営業の概要や初歩的手法について知っていただきました。

そして、2年連続の執筆となった本書では、さらに踏み込んで、今まであまりセミナーなどでもお話ししてこなかった「展示会で成果を上げるマル秘エッセンス」について、実事例とともにお伝えしていきます。

展示会で成果を上げるためにはもちろん、それ以外のさまざまなビジネスの局面でもお役に立つ内容になっていますのでご期待ください。

ぜひ、この『展示会営業®術』を売上不振に悩む企業の皆様にご活用いただき、業績アップの起爆剤にしていただくことを心から願いつつ、本書を世に贈り出します。

清永　健一

第1章 天国と地獄！ 展示会はやり方を知っているかどうかで成果が段違い

第2章 全ての土台！ どの展示会にどういうコンセプトで出展すると、成果が出るの？

第3章　「3秒」で顧客の心をつかむ、展示会営業®のヒミツ！

第4章 成果を大きく変える展示会場で使うべきツールとは？

第5章 成果を決定づける！展示会後のフォロー体制はこう整える

第1章

天国と地獄！ 展示会はやり方を知っているかどうかで成果が段違い

1 展示会で成果が出るなんてありえない？

「展示会で成果が出るなんてありえない。つきあいで出展してるだけだよ」

展示会営業®コンサルタントとして活動していると、こんな風におっしゃる方にたくさん出会います。

まだ展示会に出展したことがない方は、「展示会に大いに期待してこの本を手に取ったのに、いきなり、ネガティブなことを言うなよ」とお思いかもしれません。

でも、これが現実なのです。わたしは、展示会営業®コンサルタントですから、展示会によいイメージを持つ方が増える方がうれしいです。もっとぶっちゃけて言うと、その方が、わたしの仕事につながりやすいのです。だから、

「展示会はサイコーです！　売上がバンバン上がる、とおっしゃる方がたくさんいますよ♪」と言う方が、わたしのビジネス上、プラスになるのは、間違いありません。

でも、**せっかくこの本を手に取っていただいた方には、しなくてよい失敗をしてほ**

しくないので、正直になろうと思います。もう一度繰り返します。

「展示会で成果が出るなんてありえない。つきあいで出展してるだけだよ」

このようにおっしゃる方が多いのです。

大きな労力と多額の費用をかけ、希望を持って展示会に出展したにもかかわらず、まったく成果が出なかった。「あれ？　おかしいな」と思って、自社なりに工夫して翌年も出展した。しかし、やはり、成果が出なかった・・・「展示会で成果なんか出ない」とおっしゃる方のほとんどが、こういう苦い経験をお持ちです。


展示会に出展した経験のない方もよく考えてみてください。実は、展示会って結構やっかいなんです。ざっと考えてみるだけでも、
・開催日程を自分で決めることができない
・準備に時間がかかる
・出展費用がかかる
・展示会当日は、他の仕事ができない
・費用と労力がかかるのに、成果が約束されていない
などなど。展示会出展をやめてしまいたくなる要素がたくさんあります。

そんな中で、せっかく出展しても成果が出なかった・・・という経験をすると、

「展示会で成果なんか出ない！」

と言いたくなりますね。お気持ち、すごくわかります。


では、本当に展示会では成果が出ないのでしょうか？「展示会データベース2018年版」（ピーオーピー）によると、2016年の展示会開催件数は681件、来場者数は1270万9814人にも及びます。単純に計算すると日本のどこかで毎日1件か2件、展示会が開催され、就業者の5人に一人がなんらかの展示会に来場しているという計算になります。来場者数は延べ人数ですので、一概には言えませんが、それでも非常にボリュームのある数であることにまちがいはありません。なぜ、こんなにも数多くの企業や人が"意味がない"はずの展示会に出向くのでしょうか？

2 盲点！ 展示会における二つの真実とは？

そもそも、「展示会で成果なんか出ない」と言う時の、"成果"って一体、何なのでしょうか？

わたしは、展示会で目指すべき成果は、すべての企業に共通すると考えています。
それは、**"売上アップ"**です。あなたも、「せっかく、費用と労力をかけて展示会に出展するからには、絶対に売上につなげたい！」と思いますよね。その気持ち、大正解です。

でも、もしかすると、その気持ちが強すぎて空回りしてしまっているかもしれません。では、どうすれば、空回りしなくてすむのでしょうか？

あなたが空回りしないためには、次の**2つの真実**に気づく必要があります。

【展示会における真実その①】
『来場者、ブースに立ち寄り、たくはない』
【展示会における真実その②】
『展示会、その場で売れる、ことはない』

「とにかく売上を上げたい！」という気持ちが強すぎると、

・うちには、さまざまな業種業態のお客さんがいる。すべてのお客さんに来てほしい
・うちの商品、全部見てほしい。たくさん展示する方が興味を持ってもらえるはずだ
・だれが、見込み客になるかわからない。だからとりあえず名刺交換しまくろう

と考えてしまいます。

でも、**【真実その①】**のとおり、**『来場者、ブースに立ち寄り、たくはない』**のです。出展社からすると、来場者は「わざわざ時間をつくって展示会場に来ているのだから、できるだけ多くのブースに立ち寄ろうとしているはずだ」と考えがちです。ところが、実際にはそうではありません。

来場者として展示会に行ったことがある方は、おわかりではないでしょうか？　展示会場に入ると、たくさんの出展社ブースがありますね。

どの出展社もブースに立ち寄らせようと、あの手この手で呼び込みをしてきます。

実際には、そこまで積極的でないブースもありますが、来場者の目にはこう映って

いるのです。

「うわぁ〜、とんでもなくたくさんのブースがあるなぁ。どの人も獲物を狙う猟師のような鋭い目つきだぞ。多分、自分の顔がおカネに見えているんだろうなぁ。怖い怖い。できるだけ近づかないようにしよう。興味があるブースだけ見てサッサと帰ろう。」

そんな中、

・うちには、様々な業種業態のお客さんがいる。すべてのお客さんに来てほしい
・うちの商品、全部見てほしい。たくさん展示する方が興味を持ってもらえるはずだ
・だれが、見込み客になるかわからない。だからとりあえず名刺交換しまくろう

というようなスタンスで来場者に対応したら、どうなるでしょうか？　あなたのブースは、来場者から確実にスルーされてしまうでしょうね。**来場者にスルーされ、通り過ぎ続けられては、展示会で成果が出るはずもありません。**

もちろん、あなたのブースに来場者が立ち寄ってくれることもあるでしょう。そんな時、あなたはどうするでしょうか？　通常の商談と同じように、「商材の魅力を伝えて、購入を促す」という対応をするのではないでしょうか？

でもね、これは、まちがいです。

「何が悪いんだ！　売上を上げたいのだから、商材のよさを伝えて買ってもらおうとするのは当然だろ！」

あなたは、そう思ったかもしれませんね。でも、それは勘違いです。

【真実その②】のとおり、**『展示会、その場で売れる、ことはない』**のです。購入を促しても徒労に終わります。いくら商材の魅力を伝えても、来場者は、あなたのブースに立ち寄る前にも、立ち寄った後にも、数多くのブースでさまざまな商材の特徴を伝えられていますから、あなたが伝えた商材の魅力を覚えてくれている可能性はかなり低くなってしまいます。

来場者もその場では、お祭り気分で、

「お～！　いい商品だね。これ、真剣に検討するから、今度提案に来てください」

というような調子のよいことを言うかもしれません。でも、後日、アポ取りの電話をしてみると、まったく覚えられていなかったり、居留守をつかわれたり、電話をガチャ

切りされたり・・・
かなしいですね。
実際には、展示会のブースで対応した人とは別の方がアポを取るケースも多いでしょう。「とりあえず名刺交換しまくろう」というスタンスで獲得した名刺に対してアポを取るのは至難のわざです。これは一般的なローラー飛び込み営業を想像していただければご理解いただけるかと思います。
さらに注意したいのは次のようなことが起こってしまうことです。

・展示会フォローのアポ取りが営業部門に丸投げされる
↓
・既存案件もある営業部門にとって展示会フォローが重荷になる
↓
・営業部門は事務的、形式的に一応フォローするものの、その後は追跡せずうやむやにするこれでは、展示会で成果が出るはずがありません。

3 正しいやり方＝展示会営業®術を実践すれば圧倒的な成果を出すことができる！

でも、安心してください。展示会に何度も出展して成果を出せなかった方も、これから展示会に初めて出展しようとしていた方も、大丈夫です。断言します。**展示会では必ず成果を出すことができます。**

わたしが、「展示会で成果を出すことができる」と断言するのには根拠があります。その根拠とは、実際に展示会に出展して大きな成果を手にした企業の存在です。わたしは、展示会営業®コンサルタントとして、数多くの企業をサポートしてきました。そして、さまざまな業種業態の企業が、展示会を活用して大きな成果を上げていくのをこの目で見てきました。だから、「展示会で成果を出すことができる」と断言しているのです。

・出展コストの３３００％（33倍）の売上を実現した大阪のＩＴシステムベンダーＡ社

・２００万円の自社ブランド製品の受注数が３・７倍にアップした東京の工作機械卸Ｂ社
・フォロー方法を変更し63パーセントの受注率をたたき出した神戸の商業印刷Ｃ社
・見込み客の名刺を５００枚獲得し、１５３件の受注に成功した千葉の教育研修会社Ｄ社
・案件化数５倍、受注数３倍を達成した神奈川の包装機材商社Ｅ社

繰り返しになりますが、このように売り上げアップを目指す企業の部門や経営者さんとたくさんの成功を勝ち取ってきました。詳細は私の前著『飛び込みなしで「新規顧客」がドンドン押し寄せる「展示会営業®」術』（ごま書房新社）でも掲載しています。

また、私のホームページでも多くの成功事例を公開しておりますのでご覧ください。

・https://www.pure-consul.com/voice/

では、これらの企業はなぜ、このような成果を出すことができたのでしょうか？

もしかするとあなたは、「どうせ、たくさんの予算を使ったのだろう」と思っておられるかもしれません。

大きな成果を手に入れた5社の事例（前著より）

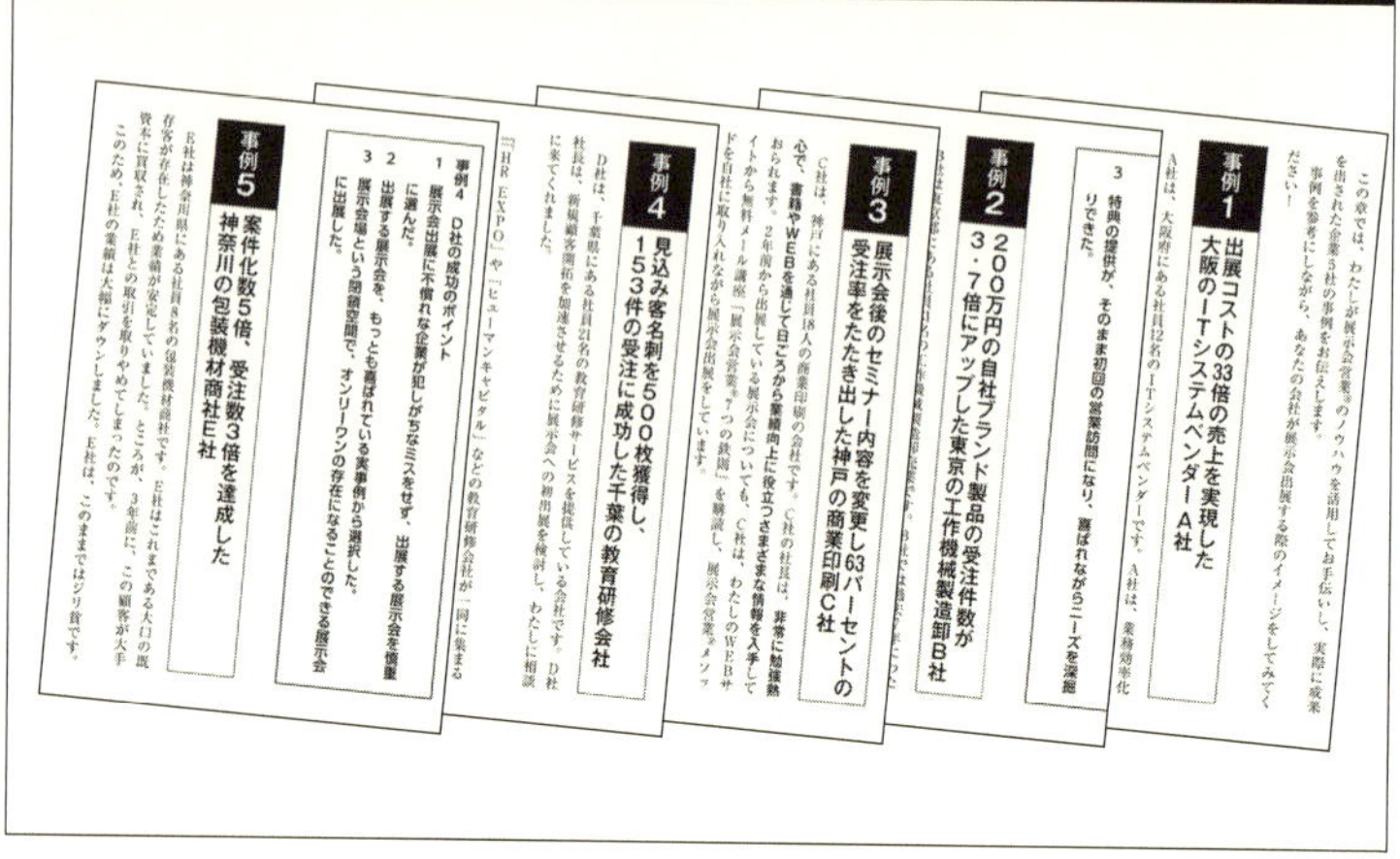

「うちは、そんな大きな費用をかけることはできない」と憤っているかもしれません。でも、大丈夫です。**展示会で成果を上げるのに、高額のお金は必要ありません。**

前述の5社も、高額の費用を使うことなく、大きな成果を上げています。展示会で成果を出すために必要なのは、お金ではないのです。

とすると、何が必要なのでしょうか？ 社員さんの能力でしょうか？ 毎年展示会に出展していてもまったく成果が上がらない会社もあれば、前述の5社のように大きな成果を手にする企業もあります。その成果の差は、受注金額で換算すると100倍以上にも及ぶでしょう。では、両者の社

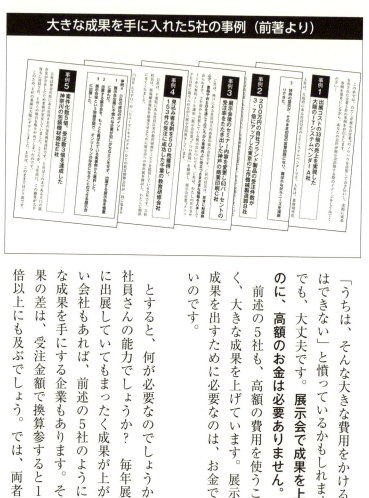

員さんの能力に100倍の差があるのでしょうか？　そんなはずはありません。展示会で成果の差を単純に社員さんの能力だと考えるのは乱暴ですね。

展示会で成果を上げるために必要なものとは、何なのでしょうか？　それは、**正しいやり方を知ること**です。

4　90％以上の企業が知らない展示会で成果を上げるやり方とは？

正しいやり方を知りそれを実践することで、必ず展示会で大きな成果を手にすることができます。では、その正しいやり方とは、どういうものでしょうか？

それは、本書でご説明する、**確実に成果を上げる展示会営業®プロセスに基づいて、展示会出展を進めていくこと**です。展示会営業®プロセスは大きく、準備、当日、フォローの3つのフェーズに分かれます。この3つのフェーズを「準備→当日→フォロー→受注」の順番に一気通貫で考えていくことが重要です。

確実に成果を上げる展示会営業®プロセス

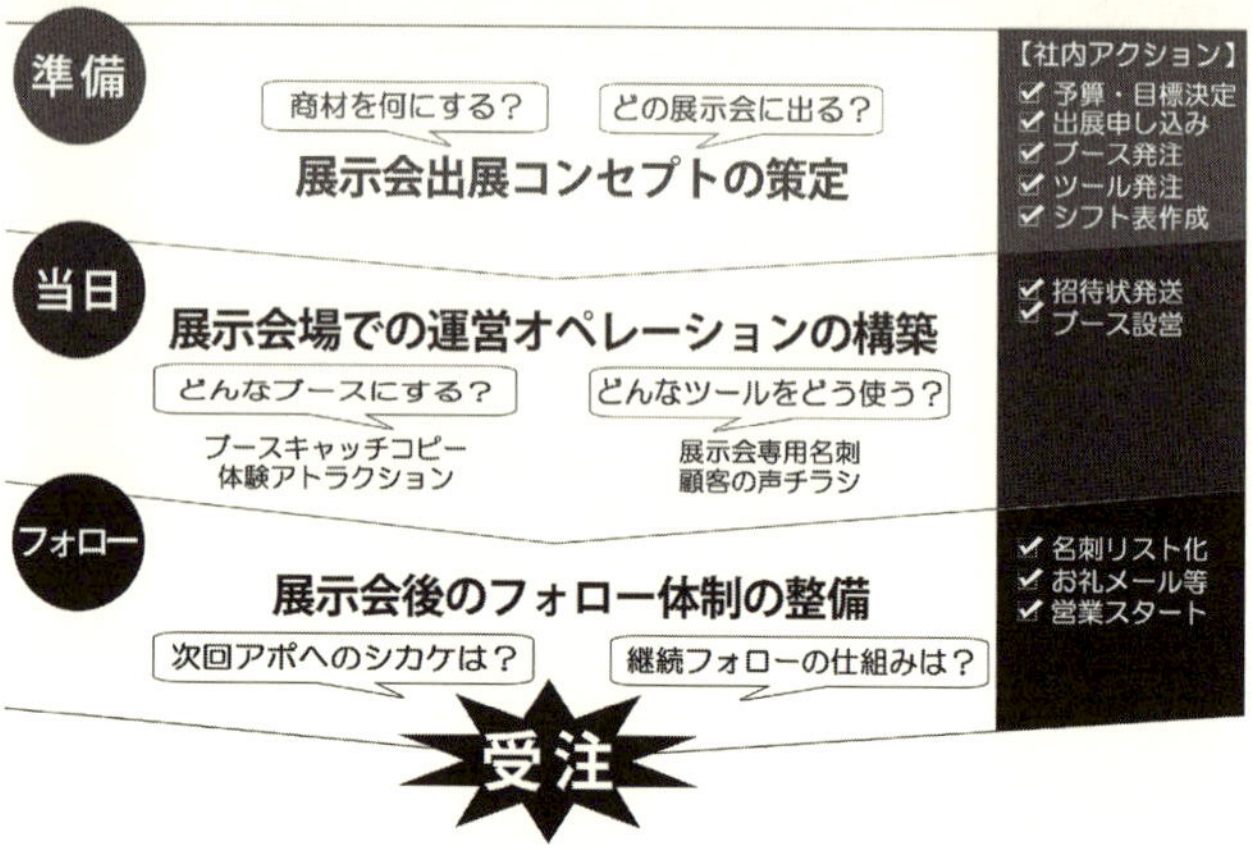

まず、準備段階では、どの展示会に出るか、何の商材にするか、を考慮して、展示会出展コンセプトを策定します。出展コンセプトは、すべての成果を決定付ける重要な考え方です。

続いて、当日のフェーズでは、展示会場での運営オペレーションを構築していきます。具体的には、どんなブースにするのか、を決定し、来場者の足を止めるためのブースキャッチコピーや体験アトラクションなどを考えていきます。また、どんなツールをどう使うかを検討し、チラシなどのツール類を作成していきます。

さらに、フォローのフェーズでは、展示会後のフォロー体制を整備していきます。

具体的には、当日からフォローへのつなぎとして、見込みのある来場者と次に接触するための仕掛けを用意します。また、今が購入タイミングでないそのうち客に対して、継続的にアプローチする方法について考えていきます。

この展示会営業®プロセスにはひとつ、大きなポイントがあります。**そのポイントとは、この「準備→当日→フォロー→受注」のプロセスを、すべて展示会出展前に設計完了しておくことです。**90％以上の企業が、展示会後のフォローをどのように行うかを展示会終了後に考えています。しかし、それでは残念ながら成果は出ません。展示会で確実に成果を上げるためには、**展示会営業®プロセスに沿って、事前に設計しきっておく**ことが重要なのです。

実は、一番忙しいのは展示会翌日からです。お疲れ会や打ち上げも大切ですが、展示会当日を乗り切れば、山場を越えたと考えるのは早計です。

本書では、第二章で、準備フェーズとして、「展示会出展コンセプトの策定」を、第三章で、当日フェーズとして、「展示会運営オペレーションの構築」のうちの、「どんなブースにするのか？」を、第四章で同じく当日フェーズとして、「展示会運営オペレーションの構築」のうちの、「どんなツールをどのように使うのか？」を考えていきます。そして、第五章では、フォローフェーズとして「展示会後のフォロー体制の整備」についてお伝えしていきます。

本書をお読みいただき、**展示会営業®プロセスに沿って正しく進めていけば、展示会を活用して低予算でも大きな成果を上げることが必ずできます。**

では、いよいよ、次の章から展示会営業®プロセスをナマ事例とともに開陳していきますよ。ご期待ください。

第1章をまとめてわたしがご説明する動画をご用意しています。
こちらもぜひご覧ください。
URL：https://1.tenzikai.jp/nbdouga

●コラム●

展示会に出るのはむずかしくない
成果の出る展示会出展「12のステップ」

突然ですが、質問です。

「あなたは、展示会に出展したことがありますか?」

この回答が「YES」でも「NO」でも大丈夫です。本書は、どちらの方にも役に立つ内容になっていますので、安心してくださいね。

ご存知の通り展示会は、東京ビッグサイト、幕張メッセ、インテックス大阪、ポートメッセなごやなどの展示会場で開催される商品、サービス、情報を宣伝するための催しのことです。代表的なものに、日本ものづくりワールド、フーデックスジャパン、ビューティーワールド、Japan IT Weekなどがあります。

展示会は大規模なものだけでも全国各地で年間約680回行われています。ほぼ毎日どこかで開催され、出展社数は10万社以上、来場者は1200万人にも及ぶ一大産業です。

「展示会に出展するって、一体どうやるんだろう。とってもむずかしそうだし、すごくお金もかかりそうだなぁ」

もし、あなたが、展示会に出たことがないなら、こんな風に思っておられるかもしれません。でも、安心してください。展示会に出展することは、むずかしいことではありません。この12個のステップに沿って手配・実行していけば、展示会に出展することができるのです。

【ステップ①】どの展示会に出展するかを決める

あなたの会社が出展する展示会を決めましょう。

展示会出展 12ステップ

12 出会った見込み客に営業フォローをする

11 ブース設営会社に費用を支払う

10 展示会当日、ブースで来場者に対応する

09 展示会当日の人員を確保する

08 ブース設営会社を決定する

07 主催者に出展申し込みをし出展料を支払う

06 目標値を設定する

05 概算費用を算出し予算取りする

04 ブース設営会社に問い合わせる

03 出展コンセプトを練り上げる

02 主催者に問い合わせる

01 どの展示会に出展するかを決める

やり方は簡単です。グーグルやヤフーなどのWEB検索エンジンに「あなたの会社の扱い商材や業界＋　展示会」と入力して検索するのです。

たとえば、「工作機械　展示会」と検索すると、「機械部品・加工技術展」や「日本国際工作機械見本市」、などがヒットします。こうした展示会の中から、開催時期や開催場所、来場者数などの確認しながら、出展する展示会を決定していきます。

【ステップ②】主催者に問い合わせる

次に、主催者に問い合わせをします。WEB上にある電話番号に連絡して、出展を検討していることを伝え、説明に来てもらうとよいですね。過去の実績などから、来場者の属性や成果を出している出展社の事例などを詳しく聞きましょう。

もちろん、出展料についても確認をします。出展料は、出展スペースが広くなればなるほど高額になります。初出展の場合は、無理をせず1小間（3m×3m）で出展することをお奨めします。出展料は目安として1小間の場合、40万円程度と考えておくとよいでしょう。早めに申し込むと安くなるケースや初出展の場合は割引になるケースもありますので、主催者にしっかり確認しましょう。

また、ブース位置が出展会場のどの場所になるかも重要です。先着順で出展社が自ら場所を選べる場合や開催3か月前に抽選で決定する場合など、さまざまなパターンがありますが、なるべくよい位置にしてもらえるように交渉しましょう。よい位置とは、出入り口に近い場所や角です。小間位置が角だと来場者に訴求しやすくなります。角指

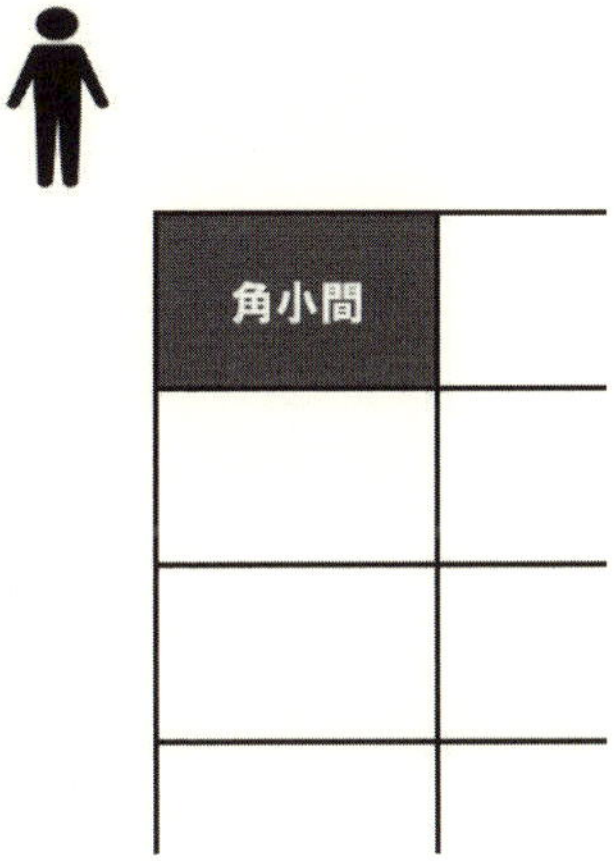

定料金が別に発生するケースもありますが、支払っても元を取ることができるケースが多いでしょう。

【ステップ③】出展コンセプトを練り上げる

出展する展示会を決定し、その概要を把握したら、次に、出展コンセプトを検討します。

出展コンセプトとは、『だれの、どんな悩みを解決するか？　を明らかにすること』です。

むずかしそうだなぁと思われた方いるかもしれません。

でも大丈夫です。成果の出る出展コンセプトを練り上げるための手順がありますので安心してください。

出展コンセプトについては、第2章でくわしくお伝えしますね。

【ステップ④】ブース設営会社に問い合わせる

出展コンセプトが固まったら、ブース設営会社に問い合わせしましょう。WEB検索エンジンで「展示会　ブース　設営」と検索するとさまざまなブース設営会社が表示されます。

また、主催者によっては、ブース設営会社のあっせんを行っているケースもありますので、主催者に紹介してもらうのもよいでしょう。

これらのブース設営会社の中から、2から3社程度に問い合わせて営業に来てもらいましょう。そして、出展コンセプトを伝え、提案を受けるのです。

展示会ブースには、照明、イス、机、スピーカーアンプ、パネル、タペストリーなど、さまざまなものが必要になります。

「大変そうだなぁ」そう思ったあなたも安心してください。こういった備品類を出展社であるあなたが自ら手配する必要はありません。ブース設営会社に任せてしまいましょう。その方が効率的です。

さて、ブース設営に関する費用についてですが、1小間の木工ブース（オリジナルにカスタマイズしたブース）だと、目安として40万円程度になると考えてください。オリジナル性の低いシステムブースなら、費用を抑えることができますが、ブースは、出展コンセプトを表現ためのもっとも重要なツールの一つです。安易に妥協せず、しっかりつくり込みましょう。

それから、照明についても触れておきます。費用をできるだけ安く抑えたい気持ちはよくわかります。しかし照明だけは安易に削らないでください。来場者を引きつけるブースにするために、照明はあなたが思っている以上に重要です。ポイントは、隣のブースよりも明るくすること。隣のブースがどのくらいの明るさになるかわからない以上、照明については、少しぜいたくすぎるくらいのクオリティを保つことをお奨めします。

【ステップ⑤】概算費用を算出し予算取りする

展示会出展にかかる費用の大半は、出展料とブース設営費用です。この2つの費用の概算がわかれば、おおよその総費用を算出することができますので、予算取りをしましょう。

出展料とブース設営費用に加えて、チラシ、カタログ、パンフレットなどの販促ツール類を作成する費用として、プラス10万円程度を考えておきましょう。目安として、東京ビッグサイトなどで開催される大規模展示会に1小間で出展する場合、多めに考えて、90万円ほどの予算を取っておくとよいでしょう。

【ステップ⑥】

展示会出展に関わる費用を大まかに把握できたら、次に、この展示会出展から得たい成果を目標値として設定します。

ここでは、たとえば、「受注10件」などと、最終的に得たい成果のみを目標値として決めるだけではいけません。受注に至るまでのプロセスごとの中間目標も明確に定めることが重要です。たとえば、名刺獲得○件、初回アポ○件、見積提出○件、受注○件のように、各プロセスの目標値を設定しましょう。

【ステップ⑦】主催者に申し込みをし、出展料を支払う

費用と目標設定が完了したら、出展の意思決定をします。この意思決定は、社長自身が行うことが重要です。

そして、展示会の主催者に正式に申し込みをし、出展料を支払います。申し込みをすると、電気供給方式が100Vなのか200Vなのかとか、それが何kW必要か、火気の使用や危険物の持ち込み、給排水工事の必要はあるか、などの書類の提出を求められます。ステップ⑧で決定するブース設営会社と相談しながら記載し、提出しましょう。

■電気供給方式および供給量（一次側）

100V　単相　50Hz	kW
200V　単相　50Hz	kW
200V　三相　50Hz	kW
24時間通電（チェック☑してください）	□希望する　□希望しない

※ 1kW単位での換算になります。 例）2.1kWの場合→3kW
料金:1kWあたり¥11,500（消費税別）幹線工事費と電気使用料金が含まれます。
※ 電源希望位置は別紙にてご提出いただいても結構です。

電気工事図面（電源設置希望位置）

隣接小間（　）　　隣接小間（　）

▲
小間正面

下記の通り施工を依頼します。（チェック☑および必要事項に記入してください。）

□ 給排水	使用水量	[　　　　]m³/時
	給水管径	□13mm φ　□20mm φ　□25mm φ　□その他[　　]mm φ
	排水管径	□40mm φ　□50mm φ
	工事範囲	□一次側工事（小間端）まで　□二次側工事（小間内）まで（別途費用ご請求になります）

■小間内配管略図

小間内配管略図

▲
小間正面

□ 火気使用・危険物持込みに該当しません。
□ 火気使用・危険物持込みに該当します。⇒ 以下にご記入ください。

■火気の使用

製品名（機器名）	数量（台数、本数）	最大消費熱量	使用目的（実演内容）
		kW/h	

■危険物持込み

分類	製品名（機器名）	数量（容量、本数）	開封の有無	水溶性／非水溶性
第1石油類		L	有・無	
第2石油類		L	有・無	
第3石油類		L	有・無	
第4石油類		L	有・無	
アルコール類		L	有・無	
動植物油類		L	有・無	
その他				

【ステップ⑧】ブース設営会社を決定する

次にブース設営会社を決定します。

ステップ④で呼んだ複数のブース設営会社から、ブースのレイアウト図やデザインイメージの提案を受けます。

提案を受ける際には、以下2点をチェックするとよいでしょう。

・自社の出展商材に興味を持っているか？
・他社で成果が出た事例を具体的に語れるか？

ステップ③で練り上げた『出展コンセプト』を反映したブースになっているかどうかを判断基準にブース設営会社を評価し、自社に最適な会社を選定しましょう。

【ステップ⑨】展示会当日の人員を確保する

次に、展示会当日、ブース対応するスタッフを確保します。日ごろから顧客対応をしている営業部門のメンバーや学生時代のアルバイトなどで接客経験のある人を中心に当日のブース対応スタッフを選出しましょう。人数は、1小間のブースなら常時2名、2小間のブースなら常時3名が目安です。展示会場ではずっと立ちっぱなしになりますから、休憩することを考慮して少し多めの人数にしておくとよいでしょう。

東京ビッグサイトなどで開催される大規模展示会の場合、展示会の会期は、水、木、金曜日の3日間などであることが多いです。この際、水曜日はAさんとBさん、木曜日はCさんとDさん、金曜日はEさんとFさんとするのではなく、3日ともAさんとBさんとメンバーを固定する方が望ましいです。その方が経験が蓄積され、創意工夫しやすいですし、チームワークも高まりまるからです。

【ステップ⑩】展示会当日、ブースで来場者に対応する

いよいよ当日です。出展コンセプトに基づいて、活気のある対応をしましょう。この際、可能な限り、社長さんもブースにいるようにしましょう。社長さんは、必ずしもブースの前に出て、来場者対応をする必要はありません。バックヤードで待機しておけばよいのです。

展示会では、以前から会いたいと思っていた意中の企業の大物がふらっと来場者としてブースに来るケースがあります。そうしたキーパーソンには社長が、バックヤードから出てきて名刺交換をすると効果的です。また、社長がいることで、ブース対応スタッフの士気を高める効果もあります。

【ステップ⑪】ブース設営会社に費用を支払う

展示会が終了したらブース設営会社に費用を支払いましょう。

ブースの撤収もブース設営会社が対応してくれますが、看板、タペストリーやパネルなどのブース装飾の中で後日も活用できるものは、自社に持ち帰って構わないか、ブース設営会社に確認しましょう。多くの会社が快諾してくれるはずです。

【ステップ⑫】展示会で出会った見込み客に営業フォローする

展示会は、終わってからが本番です。展示会で獲得した名刺に対して、アポを取り営業フォローしていきましょう。

この際、ステップ⑥で立てた目標値に対する進捗を適時確認しながらフォローすることが重要です。

いかがでしょうか。展示会出展未経験のあなたも、「思ったより簡単に出展できるんだなぁ」と感じていただけたなら、うれしく思います。この12ステップで取り組んでいけば、展示会に簡単に出展することができますし、運よく来場者の中の優良な見込み客と接触することができれば、大きな成果を手にすることができるでしょう。

しかし、必ず成果が出ると約束されているか、というとそうではありません。むしろ、現実は逆なのです。

「え？　展示会出展は簡単だけど、成果は出ないの？　どういうこと？」

展示会に出展したことのないあなたは、そう思ったかもしれませんね。ここからそのあたりについて解き明かしていきます。

第2章

全ての土台！
どの展示会に
どういうコンセプトで
出展すると、成果が出るの？

1 まちがうと成果が遠のく！何の商材でどの展示会に出る？

さぁ、展示会営業®プロセスに沿って、あなたの展示会出展について考えていきましょう。

まず、決めるべきなのは、何の商材で展示会に出るか？　です。特に複数の商品・サービスを持つ企業は要注意です。

例えば、複数の商品・サービスがあると展示ブースに、あれも、これも、それも、とさまざまな商品・サービスを並べてしまいがちです。でもそうなると、あなたの会社のブースが何を扱っているのか、がさっぱりわからなくなってしまいます。それでは、展示会で成果を出すことはできません。**まず、出展する展示会でアピールするのは「この商材！」と決定してしまいましょう。**

「うちには特定の商品やサービスはない、技術があるだけだ」

こんな風に思った方がいるかもしれません。でも大丈夫です。「商材」とは何も商品・サービスだけを指すわけではありません。「技術」も立派な「商材」なのです。

とくに製造業では、特殊な加工技術などをウリにしているケースも多いでしょうね。

その場合は、その技術そのものを展示会でアピールすればよいのです。

また、

「うちは、複数の商品・サービスを組み合わせることで、価値を出している。だから、商材をひとつに絞ることはできない」

とお考えの方もいるかもしれません。

その場合は、商材は複数でも構わないのです。ただし、複数の商材を組み合わせて出展する場合も、**その商材を組み合わせて提供する価値は、たったひとつ**である必要があります。

2 《ナマ事例》複数の商材を組み合わせて価値を最大化した(株)テレコムの事例

わたしの展示会営業®コンサルティング研修のクライアントに、業務用無線機等の販売・施工・メンテナンスを行う株式会社テレコムという会社があります。テレコム

5つの商品を組み合わせて1つの価値を提供した(株)テレコムのブースイメージ

さんのメイン商品は、無線機ですが、それ以外にも、アルコールチェッカー、デジタルタコグラフ、衝突防止装置、ドライブレコーダーなど、たくさんの商品を持っています。この場合、無線機だけ、デジタルタコグラフだけ、などひとつの商品に絞って出展するのも一案ですが、それだと確かにもったいない気がしますね。

そんな時は、**複数の商品を組み合わせて一つの複合商材として見せてしまいましょう。そして、その複合商材が提供する顧客への価値をたったひとつに研ぎ澄ます**のです。

複数の商品を組み合わせたテレコムさんのブースのイメージは上図のようなものです。

顧客への価値は、顧客が受け取るメリットと言ってもよいでしょうね。テレコムさ

(株)テレコムの成功要因

1. 複数の商品を組み合わせて、ひとつの商材のようにわかりやすく見せた。
2. 単一商品よりも複数の商品を組み合わせた方が、顧客への提供価値が大きくなった。
3. 複数の商品を組み合わせて提供できる顧客への価値が、パッと見てわかるようにブースに表現した。

んの場合は、無線機、アルコールチェッカー、デジタルタコグラフ、追突防止装置、ドライブレコーダーを活用して、「交通事故を撲滅する！」というたった一つの価値を提供するということにしたのです。

この時に注意すべきなのは、単一商品で提供するときよりも、**複数商品を組み合わせた時の方が、顧客への価値が大きくなっているかどうかを考える**ことです。テレコムさんの場合、無線機だけを提供するよりも、アルコールチェッカーや追突防止装置などと組み合わせる方が、「事故を撲滅」できそうですね。それなら、複数商品を組み合わせて提供する方がよいのです。

3 圧倒的に成果を上げる！　出展展示会の選び方とは？

次の論点として、**どの展示会に出るか**を決定します。このプロセスは非常に重要です。ここを間違えるといくら労力を使っても成果が出ない、という悲しい結果になってしまいます。

前述の通り、年間681件もの展示会が開催されています。この中で、あなたは一体、どの展示会に出展したらよいのでしょうか？

出展展示会の選び方には、２つの考え方があります。

ひとつは、出展する商品・サービスの業界の展示会を選ぶという方法です。たとえば、化粧品ならビューティーワールド、食品ならフーデックス、IT関連ならJAPAN IT WEEKのように、「この分野ならこの展示会」というような定番の展示会があります。こういった定番展示会のうち、自社が所属する業界のものを選んで出展するというやり方です。

展示会とは、ある意味、**ライバルの集客力を活用して、まだ見ぬ見込み客に出会う**場です。ですから、この定番展示会に出るというやり方は正しいのです。

定番展示会には、あなたの会社が所属する業界の盟主ともいうべき大企業も出展しているはずです。来場者の中には、このような盟主企業のブースを目当てに展示会に来ている人が多いのです。定番展示会は、このような大企業目当てで展示会に来た来場者と出会う絶好のチャンスになります。このような定番展示会への出展は、ある意味無難な方法で、一定の成果を出しやすく、大きく失敗すること少ないかしこいやり方です。

もちろん、この選び方でもよいのですが、無難なだけに、パンチ力に欠ける面があります。というのは、ライバルの集客力を活用するということは、裏を返すと、自ら、ライバルがウジャウジャいる血みどろの海に飛び込むようなものだとも言えるからです。

そこで、ここでは、もうひとつの出展展示会の選び方もお伝えしておきます。それは、**「あえて自社の業界からズラした展示会に出展する」**、という方法です。

例を挙げます。わたしは、仕事柄、年間100回以上、さまざまな展示会に出向きます。先日は、「SCAJワールド スペシャルティコーヒー カンファレンス アンド エキシビション」という展示会に行ってきました。SCAJは、アジア最大のスペシャルティコーヒーの展示会で出展社は100を軽く超えます。

さぁ、ここで問題です。このSCAJで、もっとも来場者を集めていたのはどんなブースだったでしょうか?

答えは、「紅茶」のブースです。SCAJには、たくさんのコーヒー関連の企業が出展しています。コーヒー豆、コーヒーメーカー、カップ、ミルクなどなど。すべてコーヒーに関連したアイテムです。展示会場はどこを見渡してもコーヒー一色なのです。そんな中、たったひとつだけ紅茶のブースがあったなら、あなたは、どのように感じるでしょうか?

「おっ！」と目を引くのではないでしょうか？　コーヒーだらけの空間に、突然、紅茶のブースを出現させると、ほかとの違いが際立ち、自然と人が集まってくるのです。

わたしは、この「紅茶」のブースに人垣ができているのを見たときに、「うまいな！」と感じました。

この会社が「うまい」のは、紅茶をテーマにした展示会に出なかったことです。もし、この会社が紅茶の展示会に出展していたらどうなったでしょうか？　きっと、たくさんのライバルたちとの競争に巻き込まれてしまったはずです。この会社は、出展する展示会として定番展示会を選ぶことをしませんでした。

では、この会社は何を基準に展示会を選んだのでしょうか？　この会社は、**「自社が出会いたい人はだれなのか？」を基準に展示会選定を行った**のです。

この会社が出会いたい人は、「紅茶を買い付けるバイヤー」です。そして、多くの場合、紅茶のバイヤーは、コーヒーのバイヤーを兼ねています。だからこの会社は、ＳＣＡＪを選んで出展し大成功したのです。

あなたも、出展商材にとらわれすぎずに、出会いたい人から、出展する展示会を選択するという考え方も取り入れてほしいと思います。

4 1ブース＝1アイテム＝1ターゲットという発想

「何の商材で、どの展示会に出展するか？」、が決まったら、いよいよ展示会出展コンセプトを考えていきます。実は、ここが、展示会営業®プロセスの中でもっとも重要な部分です。

出展コンセプトを考える際の重要なポイントは何でしょうか？

それは、**ズバリ欲ばり過ぎないこと**です。

「せっかく出展するのだから、うちの商品を全部見てほしい」
「うちの客層は多種多様だ。できるだけたくさんの業種に来てほしい」
「たくさんの商品を展示する方が、来場者の興味を引きやすいはずだ」

わたしがお手伝いしている中小企業の社長さんのうち、90パーセント以上は、こんな風におっしゃいます。この発言をあなたはどう感じますか？　あれもこれもと欲ばり過ぎだと思いませんか？

断言します！　中小企業がこういう考えで展示会に出展しても絶対に成果は出ません。知名度のある大企業ならまだしも、中小企業では絶対にNGです。

展示会には、たくさんの企業が出展しています。たとえば、「日本ものづくりワールド」という展示会には、２３００社もの企業が出展しています。東京ビッグサイト、幕張メッセ、インテックス大阪やポートメッセなごやなどの大規模展示会場で行われる展示会なら、３００社程度は出展していることが常です。

そんな中に、あれもこれもと欲ばった、よくわからないブースがあったらどうなるでしょうか？　まちがいなく、スルーされてしまうでしょうね。

こう言うと「よくわからないから、気になって立ち寄るんじゃないですか？」とおっしゃる方がいます。でも、それは勘違いです。

「何だかよくわからないブースだなぁ。謎だなぁ。よし！　謎を究明するためにこのブースに立ち寄ろう」

というように、**よくわからないブースの方が興味を持ってもらえそうだ、と考えるのは、出展社側の幻想**です。来場者は、「このブースはどんな内容なのだろう？」と目を凝らしてみたり、頭に汗をかいて考えたりしてはくれません。

来場者は、目まぐるしい数のブースがある展示会場を、思考停止状態で歩いているにすぎないのです。だから、パッと見て、わかりやすくすることこそが重要なのです。

では、どうすればわかりやすいブースになるのでしょうか？

その**答えこそが、『1ブース＝1アイテム＝1ターゲット』という発想**です。

1アイテムとは、前述の「何の商材で展示会に出るか？」と考えた際の商材です。そして、その商材が、『だれのどんな悩みを解決するのか？』を考えるのです。

この**『1ブース＝1アイテム＝1ターゲット』にもとづく考え方を展示会営業®プロセスでは、出展コンセプトと名付けています。**

あなたの会社が、展示会に出展する場合、どの商材を前面に押し出すとよいでしょうか？　その商材は、どういった客層にもっとも喜ばれるでしょうか？

このように出展コンセプトを決定することこそが、中小企業が低予算で展示会で成果を出すためのすべての始まりです。出展コンセプトは、展示会来場者が、なぜ他のブースでなく、あなたの会社のブースに来るべきなのか？　という理由になるのです。

5 この手順ならだれでもできる！ 出展コンセプトのつくり方

この出展コンセプトはどのような手順で考えていけばよいのでしょうか？

「む、む、む、むずかしそうだぞ。」

そう思った方も安心してください。展示会営業®プロセスでは、本来、難易度の高い出展コンセプトの策定も、**簡単にできるように手順化してあります。その手順とは、出展コンセプト検討シートを埋めていく**という方法です。

具体的に見ていきましょう。

成果が出る出展コンセプトをつくるにはコツがあります。**そのコツとは、『来場者側から考える』こと**です。

わたしたちは、つい、自社の特徴とか強みからものごとを考えようとしがちですが、それでは、展示会で成果を出す出展コンセプトをつくることはできません。

なぜなら、あなたの会社の特徴や強みは多くの場合、残念ながら、来場者にとって、

第1章
第2章
第3章
第4章
第5章
第6章

（ワーク）出展コンセプト検討シート

1. 展示会で出会いたい人は？

2. その人が日ごろ心の中で つぶやいている悩みは？

3. だったら、うちが（こんな風に）役に立てますよ

4. ホント？って思うでしょ。裏付けはね・・・

出展コンセプト検討シートは私のホームページから無料でダウンロードできますのでご活用ください。

https://www.pure-consul.com/concept

どうでもいいことだからです。そうではなくて、『来場者側から考える』ことが重要なのです。

では、どうすれば、来場者側から考えることができるのでしょうか？ その答えが、出展コンセプト検討シートです。この**『出展コンセプトシート』を埋めていけば、自然と来場者側から考えた成果の上がる出展コンセプトができあがります。**

それでは、順にご説明していきます。

① 展示会で出会いたい人は？

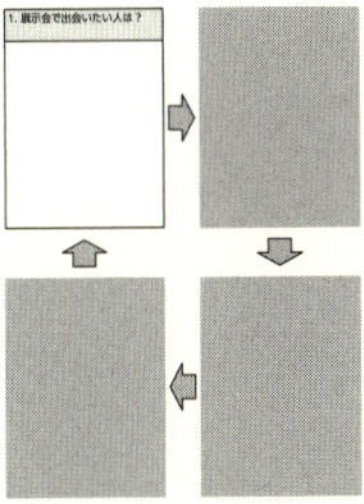

あなたは、展示会に出展して、どんな人と出会いたいですか？ まず、それを決めてしまいましょう。この時に重要なのは、**会社ではなく人＝パーソン単位まで具体的に落とし込んで考える**ことです。たとえば、「建設会社」と考えるのではなく「建設会社の設計責任者」と落とし込んで設定するということです。

展示会場には、「建設会社」という人は歩いていません。ですから、「建設会社」のどういう人に出会いたいかまで落とし込んで考えましょうね。出会いたいのは、経営者でしょうか？　それとも、購買責任者？　はたまた、設計責任者でしょうか？　よく考えてみてください。

この設定で、注意すべきことが2つあります。ひとつは、**受注するためにもっとも面談したい人を設定する**ことです。たとえば、あなたが出展する商材が、最終決定権を持つ人に会わないと受注できないようなものなら、出会いたい人は、〝経営者〟や〝担当役員〟に設定しましょう。

ブースに人を集めるだけのためなら、経営者よりも、担当者に設定する方がよいでしょう。でも、展示会出展の目的は、あくまでも、「受注・売上」です。ですから、難易度が高くなったとしても、出会いたい人は、受注するために面談したい人に設定するべきなのです。

もうひとつは、**設定した出会いたい人（役職・部門）が、出展予定の展示会の来場者として一定数以上いるかどうかをリアルに想像する**ことです。いくら出会いたくても、そのターゲットが、展示会に来ないのであれば、展示会で成果を出すことはできません。その場合は、出展する展示会を変更するか、出会いたい人を再検討するべきです。注意してくださいね。

この「出会いたい人」が明確でないと、展示会で成果を出すことはできません。しっかり考えてみてくださいね。

② その人が日ごろ心の中でつぶやいている悩みは？

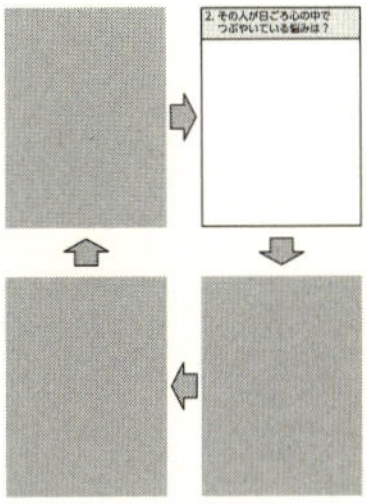

続いて、出展コンセプト検討シートの2つ目の質問に移りましょう。
実は、この質問が一番、肝心です。特に**「日ごろ心の中でつぶやいている」という点が重要**です。日ごろ心の中でつぶやいているということは、展示会場でも、歩きながらつぶやいているはずですね。来場者にとって、自分が日ごろつぶやいている悩みをズバリ言い当てたブースが目の前に出現したら、どうなるでしょうか？　必ず興味を持つはずです。

コツは、カギかっこ付きの直接話法で、心の中でつぶやいている言葉をなるべくそのまま書くことです。

たとえば、設計責任者が、出会いたい人だとするなら、

「最近、設計がマンネリになってるなぁ」

「やりたい設計をしようとすると予算オーバーになるんだよなぁ」

などでしょうか。

余談ですが、わたしも最近、心の中をずばり言い当てられて思わずお店に入ってしまったことがあります。それは、この写真の看板です。

ちょうど、お腹がすいていて、何かガッツリ食べたいなぁと思ってたんです。そこに「旨いスパゲティを腹いっぱい食べたい」という看板が目に飛び込んできたわけです。心の中のつぶやきをズバリ言い当てられたわたしは、まんまとお店に入ってしまいま

した。

もしも、この看板が「美味しいスパゲティ　あります」とか「絶品スパゲティ　大盛り」みたいな売り手側からの言葉だったら、わたしは、おそらくお店に入らずに通りすぎたんじゃないかなぁと思うんです。

どうでしょうか？　出会いたい人が心の中でつぶやいてる表現をそのまま書くということが大事なのだと肝に銘じてほしいと思います。

それと、もうひとつ、大事な点があります。それは、**『自社がその悩みを解決できるかどうかは無視して書く』**ということです。ここがこの出展コンセプト検討シートの最大のポイントです。

では、『自社がその悩みを解決できるかどうかは「無視」して書く』ということの反対は何でしょうか？　答えは、『自社が解決することを「前提」にして書く』ということでしょうね。つまり、自社を通して来場者を見るということです。それでは、残念ながら成果の上がる出展コンセプトにはなりません。解決できない悩みがあっても構わないのです。

解決できずとも「そういう悩みありますよね！」と共感してあげるだけでも、「ん？

第1章
第2章
第3章
第4章
第5章
第6章

このブースの人たちは、自分のことをよくわかってくれている気がするぞ」と思ってもらえたりします。そこからはお互い心の扉を開いた状態での「話し合い」になります。

その人になりきって、悩みをできるだけたくさん書き出してみてください。

③ だったら、うちが（こんな風に）役に立てますよ

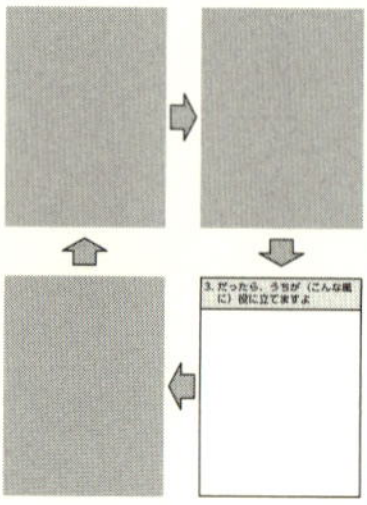

では、次の質問に移ります。

ここでは、悩みが解消された状態をその理由とともに挙げていきます。

たとえば、

「○○なので、マンネリを打破して、□□になります」

とか

「△△という機能を活用することで、コストを◇％削減します」

などとなります。

この時に重要なポイントがあります。それは、出会いたい人がつぶやいている悩みの中で、**できるだけ優先順位の高い悩みにアプローチする方が成果が出やすい**、という点です。

ですから、まず、

「（2）その人が日ごろ心の中でつぶやいている悩みは？」で挙げた悩みを、悩みの強さ・優先順位の高さの順に並べ替えて、上の悩みから順に、「だったらうちがこんな風に解決できますよ」を考えてみる、という手順で進めましょう。

また、複数の悩みを同時に解決できる方がより、来場者をより引き付けることができるので、1つだけで満足せず、2つ、3つと考えてみてください。

④ ホント？　って思うでしょ。裏付けはね・・・

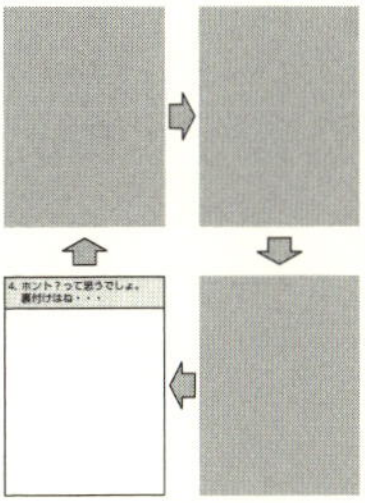

さぁ、いよいよ、最後の質問です。

この質問もすごく重要です。なぜなら、「あなたの悩みを解決できますよ」と言われると、人は必ず「ホントなの？」と疑問に感じるからです。

展示会で成果を上げるためには、この「ホントなの？」に回答できるようにしておくことが重要です。ここでは、商材の価値や特徴、機能を伝えるのもよいですし、実際にその悩みを解決した事例があるならなおよしです。**事例がある場合は、それをツールにするととても有効です。**この辺りは、第四章であらためて、詳しくお伝えしますね。

いかがでしょうか？　あなたも、この出展コンセプト検討シートを使って、成果が出る出展コンセプトをつくってほしいと思います。

6 《ナマ事例》名古屋市の清掃会社：（株）オーアンドケーの出展コンセプト検討シート

この出展コンセプト検討シートを使って成果を上げた具体的な事例を紹介します。

事例企業は、株式会社オーアンドケーです。オーアンドケーさんは、名古屋市で30年にわたって、ビル清掃、店舗清掃、床掃除、カーペット清掃、マンション清掃管理などを行っている会社です。

オーアンドケーさんは、介護施設の清掃を増やしていくために展示会出展を計画し、わたしの展示会営業®コンサルティング研修を受講してくれました。出展する展示会は、ウェルフェア国際福祉健康産業展です。ウェルフェア国際福祉健康産業展は、ポートメッセなごやで行われる中部地方最大の福祉・健康・介護に関する展示会です。ところで、オーアンドケーさんってすごいんです。たくさんの強みを持つ会社なんですよ。

たとえば、カーペットの専門知識・技術認定で世界で最も権威のある資格を取得していたり、中部地方の清掃会社で唯一、愛知県から「あいち女性輝きカンパニー」の認証を受けていたりしてるんです。すごいですよね！

あなたの会社も、そうした強みを持っておられるかもしれません。強みがたくさんあるのはすばらしいことです。でも、そんな時こそ注意が必要です。

出展コンセプト検討シートを埋めることなく漠然と出展すると、展示会でこうした強みだけをアピールすることになります。**でも、多くの場合、来場者は出展企業の強みには興味がないのです。**わたしの感覚値では、90％以上の出展社さんが、このパターンで出展しています。

残念ながら成果が出なくなります。もちろん、強みするとどうなるでしょうか？

第1章
第2章
第3章
第4章
第5章
第6章

をアピールすることは重要です。でも、その時に絶対に考えないといけないのは、
「その強みは、来場者にとってメリットになっているのか？」
という点なんです。

オーアンドケーさんの場合も、カーペット洗浄資格や女性活躍認証が直接、来場者さんのメリットになるかというとどうやら、そうではないような気がしますね。

そこで、「出展コンセプト検討シート」の出番です。オーアンドケーの展示会営業プロジェクトチームのみなさんと研修で議論しながらつくった出展コンセプト検討シートが次のページのものです（書籍用にわかりやすく若干デフォルメしています）。

順を追ってみていきましょう。まず、考えるべきは
『展示会で出会いたい人は？』
という問いでしたね。オーアンドケーさんは、この展示会で介護施設の清掃案件を獲得したいのです。ですから、出会いたいのは、介護施設、ということになります。

ここで重要なのは、パーソン単位まで掘り下げることでしたね。介護施設には、介護スタッフ、ケアマネージャー、事務の方などなど、たくさんの人がいます。オーアンドケーさんはどんな人と出会いたいのでしょうか？　**受注までのプロセスを考える**

オーアンドケーさんの出展コンセプト検討シート

1. 展示会で出会いたい人は？

・介護施設の経営者、施設長

2. その人が日ごろ心の中でつぶやいている悩みは？

・「スタッフの人間関係が悪いんだよなぁ」

・「スタッフがまた辞めてしまった」

・「入所者や家族からまたクレームが・・・」

・「スタッフが採用できないなぁ」

・「入所者が増えないぞ」

・「ノロウイルスとかインフルがホント怖い」

・「ヤバイ！今、監査来たら対応できないぞ」

3. だったら、うちが（こんな風に）役に立てますよ

・「うちなら、ノロウイルスやインフルエンザが施設内で発生しないように、できますよ。」

4. ホント？って思うでしょ。裏付けはね・・・

・30年におよぶ様々な清掃ノウハウの蓄積があります。

・検査キットーで汚染物質を高感度に測定します。

・浮遊菌を押さえる加湿器を活用します

・弊社オフィスでは、清掃と加湿器の活用でたったひとりもインフルエンザになっていません。

と、どうせなら当社に清掃を発注する権限がある人と出会いたいですよね。ですから

この問いに対する答えは、介護施設の経営者や施設長となります。

チェックしたいのは、ここで定めた出会いたい人が、展示会の来場者として一定数以上存在するかどうかです。ウェルフェア国際福祉健康産業展には、介護施設の経営者さんや施設長さんがたくさん来ます。ですから、『介護施設の経営者や施設長』ということでオッケーでしょう。

では、次の問いに移りましょう。次の問いは、

『その人が日ごろ心の中でつぶやいている悩みは？』です。この問いを考える時に大事なのは2点でしたね。

ひとつは、**その人が日ごろつぶやいている言葉そのままで表現する**という点ことです。

もう一つは、**自社が解決できるかどうかは、無視して、その人になりきってできるだけたくさん挙げる**ことです。

すると、こんなつぶやきが出てきました。

「スタッフの人間関係が悪いんだよなぁ」

「スタッフがまた辞めてしまった」

「入所者や家族からまたクレームが・・・」

「スタッフが採用できないなぁ」

「入所者が増えないぞ」

「ノロウイルスとかインフルがホント怖い」

「ヤバイ！　今、監査来たら対応できないぞ」


次の手順は、**このつぶやきに優先順位をつける**ことです。出会いたい人の優先順位の高い悩みやまだ満たされていない快楽にリーチする方が、展示会で成果を上げやすくなるからです。

さぁ、優先順位をつけてみましょう。なかなか悩ましいですが、優先順位はおそらくこんな感じになるでしょうね。

優先順位1「スタッフがまた辞めてしまった」
優先順位2「ノロウイルスとかインフルがホント怖い」
優先順位3「スタッフが採用できないなぁ」

優先順位4「入所者が増えないぞ」
優先順位5「入所者や家族からまたクレームが・・・」
優先順位6「スタッフの人間関係が悪いんだよなぁ」
優先順位7「ヤバイ！　今、監査来たら対応できないぞ」

前述の通り、**出展コンセプトを検討するすべての手順の中で、このプロセスが一番重要です。**ここを深掘りしていくことができれば、展示会で成果を上げる出展コンセプトをつくることができるようになります。

次の問いに移りましょう。次の問いは、
『だったら、うちがこんな風に、役に立てますよ』
です。ここでは、悩みが解消された状態をその理由とともに挙げていきます。出会いたい人がつぶやいている悩みの中でできるだけ優先順位の高い悩みにリーチする方が成果が出やすいのですから、優先順位の高いつぶやきから見ていきましょう。

まず、優先順位1「スタッフがまた辞めてしまった」は、どうでしょうか？

オーアンドケーさんは、清掃会社ですから、このつぶやきについては、対応することがむずかしいでしょうね。

では、優先順位2**「ノロウイルスとかインフルがホント怖い」という悩みについては、どうでしょうか？　これなら、清掃会社として、ズバリ対応できそう**です。

ということは、

『だったら、うちがこんな風に、役に立てますよ』

の答えは、

「うちなら、ノロウイルスやインフルエンザが　施設内で発生しないようにできますよ。」

となります。

さぁ、出展コンセプト検討シートの完成まであと一息です。

続いて、最後の問い

『ホント？　って思うでしょ。裏付けはね・・・』

に回答しましょう。この問いも非常に重要です。なぜなら、**人は、「あなたの悩みを解決できますよ」と言われると、必ず「ホントなの？」と感じる生き物**だからです。

この「ホントなの?」に回答するのが最後の問いです。
オーアンドケーさんは、清掃会社としての長年の実績や高い技術を有しています。
この問いに対する答えは、
・30年におよぶ様々な清掃ノウハウの蓄積があります。
・検査キットで汚染物質を高感度に測定します。
・浮遊菌を押さえる加湿器を活用します。
・弊社オフィスでは、清掃と加湿器の活用でたったひとりもインフルエンザになっていません。
となどなります。

これで、ついに出展コンセプト検討シートが完成しました。ここまでくれば、あとは、このコンセプトをブースデザインやチラシなどのツール類に落とし込んでいけばよいだけです。落とし込みについては、次章以降で、詳しくお伝えしますが、こうしてできたオーアンドケーさんのブースのイメージを先にご覧ください。オーアンドケーさんのブースは、次ページのようになりました。

清掃会社(株)オーアンドケーのブースイメージ

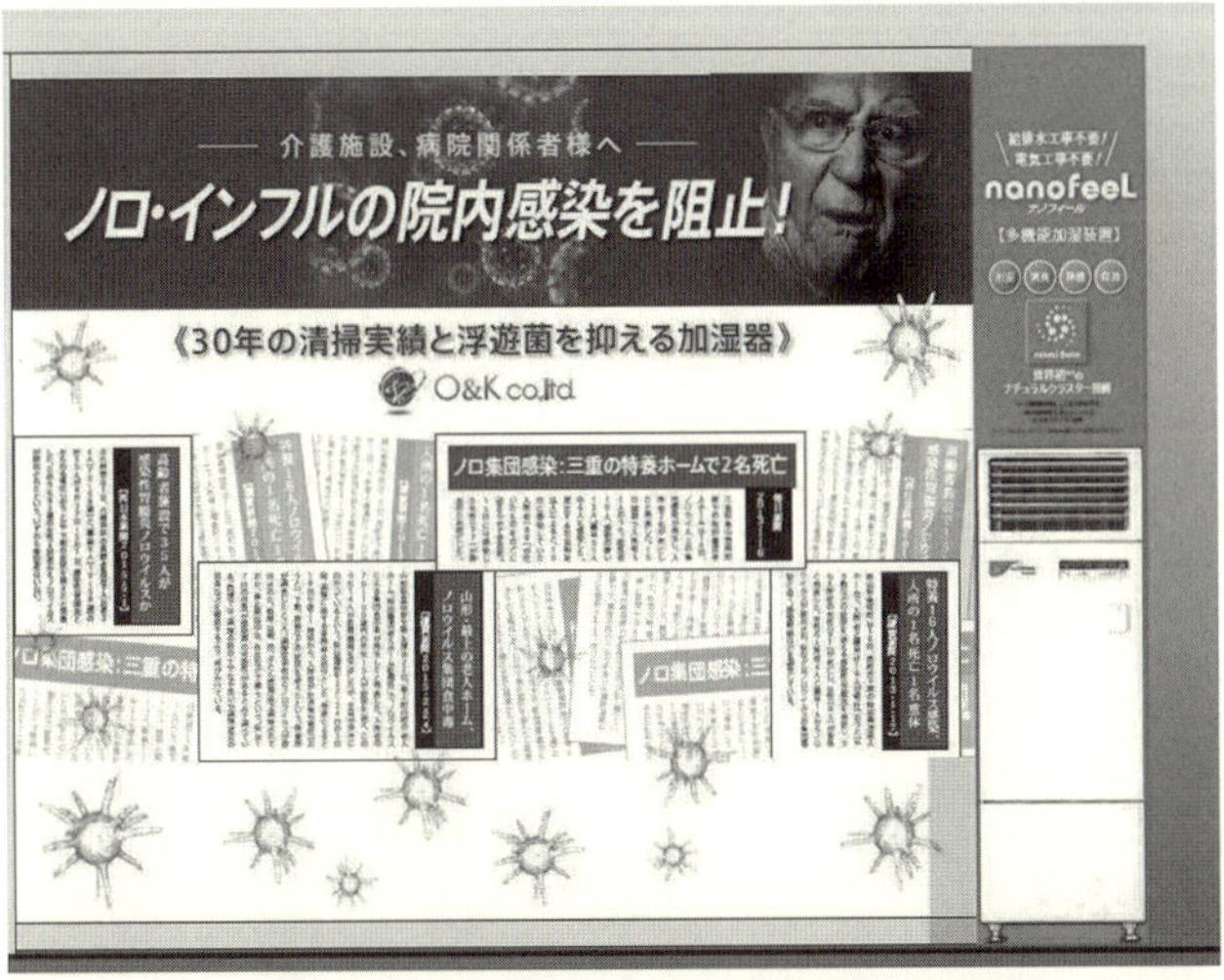

(株)オーアンドケーの成功要因

1. 出会いたい人が確実に来場する展示会を出展展示会に選んだ。
2. 出展コンセプト検討シートに則って、来場者の悩みを、自社が解決できるかどうかは別としてできるだけ多く列挙した。
3. きれいな言葉やビジネス用語ではなく、来場者が日ごろから心の中でつぶやいている生々しい表現で悩みを列挙した。

来場者の悩みに直結しているからでしょうね。オーアンドケーさんのブースには、かつてないほどの人垣ができたのことは言うまでもありません。

あなたも、ぜひ出展コンセプト検討シートを活用して、成果の上がる展示会出展コンセプトを策定してみてください。

第2章をまとめてわたしがご説明する動画をご用意しています。
こちらもぜひご覧ください。
URL：https://1.tenzikai.jp/nbdouga

●コラム●

大バカものだったわたしが、なぜ、展示会出展コストの3300%を売る『展示会営業®コンサルタント』と呼ばれるようになったのか？

本書では、最も費用対効果が高い、小さな会社のための顧客獲得のやり方についてお伝えしていますが、ここで少しだけ、わたし自身の話をさせてください。

大バカものだったわたしが、なぜ、展示会出展コストの３３００％（33倍）を売る展示会営業コンサルタントと呼ばれるようになったのか？

１１９５社を超える売上アップサポートの実績を出せたのか？

もちろん、なぜ展示会営業が最強の営業手段なのか？　すべてお話ししていきます。

わたしは、今でこそ、『日本唯一の展示会営業®コンサルタント』などという大層な名前で呼んでいただいていますが、最初から順風満帆だったわけではありません。

実際は、むしろその逆です。ドブ板営業のさらに最下層からのスタートだったのです。

わたしは大学を卒業して、（株）リクルート系の会社に営業職として意気揚々と入社しました。

当時は、就職氷河期と言われ、大学を卒業しても就職先がない学生がたくさんいる時代でしたから、就職したい企業ランキングで常に上位に入るリクルート社に入社したわたしは、客観的に見て悪くないスタートだったと思います。

ところがです。わたしはせっかく入社したこの会社をわずか4か月で辞めてしまうのです。思い返しても若気の至りとしか言いようがありません。

現在では、「入社3年で30％が退職する」と言われるように、新卒で入った会社を短い期間で退職することがそれほど珍しくなくなりましたが、当時はまだ、そんな人はだれもいなかったのです。

しかも・・・辞めた理由は、「なんとなく、自分に合っていない気がする・・・」。

そうです。わたしは、ただの世間知らずの大バカ者だったのです。

かくして、いきなり社会人として追い込まれたわたしは、ケーブルテレビ会社（現在のジェイコム株式会社）に営業職として、なんとかもぐり込みました。

ケーブルテレビは当時まだ黎明期です。営業職は、一戸建て住宅やマンションを1軒1軒回って、「ピンポーン」とインターフォンを鳴らし、ドアを開けてもらって売り込む、という昔ながらの飛び込み営業スタイルで活動していきます。

「わたしは、この会社で活躍しました。その経験をもとに今、営業コンサルタントをやっているのです！」と言うことができれば、話がわかりやすくてよいのですが、現実はそんなにうまくはいきません。

白状します。わたしは、全く売れないダメダメ営業マンでした。

当時は、毎日が苦しくて苦しくて仕方ありませんでした。飛び込み営業ですから、営業職はお客さんからすれば、言わば招かれざる客です。当然、つらい仕打ちを受けます。

「二度と来るな！」

と怒鳴られることなんて日常茶飯事。怒鳴られた上、犬に吠えられ、びっくりして後ずさりしたら水たまりにドボン。スーツのズボンはびちゃびちゃ、靴はドロドロ。

そんな状態で別のお宅にお伺いすると、「汚れるじゃないか！」とさらに激怒される、というような つらい、つらい日々を過ごしていました。今思い出してもゾッとします（笑）。

そんなある日、上司がわたしを呼びつけ、わたしはミーティングルームに連れていかれました。そして、上司はおもむろにわたしに質問してきます。

「清永。お前、営業職にとって一番大事な仕事って何かわかるか？」

「わかりません」

わたしは、わからなかったので、正直にそう答えました。すると上司はこう言うのです。

「そうか。じゃぁ教えてやる。営業職にとって一番大事な仕事は『お客様からお金を確実に回収してくること』だ。ケーブルテレビの利用料を払ってくれないお客様がたくさんいるのは、お前も知っているだろう。

だからな、お前は、もう明日から売りに行かなくていい。未収者さんのところに一軒一軒訪問して、『お金払ってください』と言いながらお金を回収する未収金回収業務だけをやれ。お前は今から未収金回収の専任担当者だ。いいか、これは営業職にとって一番大事な仕事なんだぞ。わかったな。がんばれよ」

おわかりでしょうか？　早い話が、「どうせ売れないのだから未収金回収業務だけをやっておけ！」と厄介払いされたわけです。わたしは、この時25歳です。

「おれの人生は、一体どうなってしまうんだろう」と地面が揺れるほど不安な気持ちになったことを思い出します。

ところがです。そんな典型的なダメ営業マンだったわたしの状況が、あるやり方に偶然出会ったことをきっかけに、一変するのです。

今から20年前、地上波テレビ放送がデジタル化する「地デジ対応」ということが、しきりに言われていたのを覚えておられる方も多いと思います。当時は、ちょうど地デジ対応についての関心が高まり始めた時期でした。

そんなころ、わたしが勤務するケーブルテレビ会社の株主である大阪市から連絡があったのです。「地デジ対応に関するシンポジウムを行います。ケーブルテレビ会社向けのブースを確保したから出展するように」と。

株主からそう言われたら断ることはできません。でも、株主から押し付けられる形で突然舞い込んだ仕事です。社内にはこのイベントに積極的にかかわりたい人間はだれもいません。そこで、白羽の矢が立ったのが、わたしです。

「清永！　お前にこの地デジ対応シンポジウムに関する一切を任せる。だからひとりで準備しろよ！　もちろん絶対客とって来いよ！」

皆が敬遠する厄介な仕事のお鉢がわたしに回ってきました。

ですが、わたしはとてもうれしかったんです。だって、集金よりマシだから。

はじめて集金以外の仕事を任されたわたしは、一生懸命準備しました。知恵を振り絞って資料をつくり、できるだけわかりやすく説明できるように練習しました。

シンポジウム当日、2日間で180人ほど対応したでしょうか？

「地上波テレビがデジタル化するのは、何のためか、いつ行われるか、何がよくなるか、どういう準備をしておくべきか」

といったことを来場者の方々に教えて差し上げたのです。

なんとか、シンポジウムの全日程を終えて、肩の荷が下りてホッとした頃、驚くべきことが起こります。

「清永君から、ケーブルテレビを買いたい」「地デジについて教えてくれた、あの兄ちゃんからケーブルインターネットを売ってもらいたい」

というお客様がたくさん現れたのです。その数、60名以上。シンポジウム中、まったく売り込みをしていないのにも関わらず・・・です。

わたしは、この時、ある重大な真理に出会いました。それは、

『人は、売り込まれるのは大嫌いだけれど、教えてもらうのは大好きなんだ。だから、違和感なく教えてあげることのできる場をつくることこそが重要なんだ！』

ということです。このことに気づいてから、営業マンとしてのわたしは豹変しました。

わたしは、シンポジウム、イベント、取材、セミナーや展示会などの場を活用しながら、「教えて差し上げる」というスタンスで営業をしていくことで、ドンドン売れるようになっていきました。

お客さんから「教える人」として認識されやすくなるために、中小企業診断士という経営コンサルタントの国家資格も取得しました。そこには、あのダメ営業マンだったわたしはもういません。

わたしは、現在の展示会営業術の原型となるこの手法を使うことによって、全社の数字の75パーセントを自分一人で計上するなど大活躍するようになりました。その噂は広まり、全国のケーブルテレビの営業マネージャーさんがわたしのやり方を見学に来たり、ＮＨＫがこの手法を取材に来てくれたりもしました。

わたしは、勢いに乗じて、展示会営業術の原型となるこの手法をよりブラッシュアップさせるべく、ビジネスイベントの運営で日本一の実績を持つメガバンク系コンサルティング会社に転職しました。

その会社では、展示会やビジネスマッチング、セミナーなどの企画や運営、出展サポートに携わりながら、さまざまな中小企業さんの売上アップに貢献することができました。

自分が編み出した展示会営業術の手法で多くの方のお役に立てている、わたしはとても充実していました。このころのわたしは絶好調に見えたかもしれません。

しかし、好事魔多しです。わたしは未熟でした。わたしには、大きな組織で働いた経験がなかった

のです。ケーブルテレビ会社という中小ベンチャー企業の、しかも、傍流を歩んできた当時のわたしには、組織で仕事をするということが全く理解できていなかったのです。

メガバンク系コンサルティング会社は、いわゆるきちんとした組織で、何をするにも組織のルールがきちんと定められていました。このことがわたしを悩ませることになります。わたしは、自分自身の未熟さゆえに、半うつ状態に陥りました。そして、なんと、引きこもりになってしまったのです。

わたしは、自分自身が情けなかった。自分で編み出した手法をより洗練させるために、自分で選んだ会社に自らの意思で転職し、やりたい仕事ができて、お客様にも成果が出て喜んでいただける。しかも、給料もよい。それにもかかわらず、ただ、組織風土が自分に合わないというその1点だけで、メンタル不調を起こしてしまう。我ながら信じられませんでした。

でも、そうやって焦れば焦るほど、物事は上手くいかなくなります。結局、わたしは、このメガバング系コンサルティング会社を退職することになりました。

本当にどん底でした。そんな、ペシャンコにへこんだわたしを見つけてくれたのが、わたしの前職であるコンサルティング会社の社長です。

「清永！　くすぶっているくらいなら一緒にやろうぜ。一緒に全国の中小企業の売上アップのコンサルティングをして、世の中をよくしようぜ」

彼は、こんな風に声をかけてくれました。わたしは、もう一度立ち上がりました。これまで、働きたいのに身体がついてこなくて働けなかった。そのうっぷんをはらすように、全国の中小企業さんに、売上アップのお手伝いを、展示会営業術の手法を駆使しながら、全力で行っていきました。

お手伝いした中小企業さんの数は、8年間で1195社に及びます。

コンサルティング業務を行う中で、わたしには、ある気持ちが芽生えていきました。それは『過去の自分にリベンジしたい！』という想いです。『やりたい仕事ができて、成果が出て、お客さんからも喜ばれている。にもかかわらず、組織風土が合わないだけで、仕事を続けることができなかった過去の情けない男』こんな自分にリベンジしたい、そして、もしも、自分と同じような境遇で苦しんでいる人がいたら、なんとかして助けてあげたい。わたしは、強くそう思ったのです。

わたしは、研究と実践を繰り返し、「ゲーム化」メソッドを開発しました。「どうせやるなら、楽しみながらやった方がいい」という当たり前のことを、多くの企業は頭では理解していますが、実際には実践できていません。ゲーム化メソッドは、この当たり前のことを、どんな企業でも実現することができる画期的なノウハウです。

わたしが独自に考案したゲーム化メソッドは、ゆとり世代の育成に悩む企業を中心に大きな成果を上げ『営業のゲーム化で業績を上げる　成果に直結するゲーミフィケーションの実践ノウハウ』『「仕事のゲーム化」でやる気モードに変える　経営に活かすゲーミフィケーションの考え方と実践事例』（共に実務教育出版）という2冊の本も出版させていただきました。

そして、この2冊の本の出版記念セミナーでは、全国8カ所で延べ１０３５名を動員し、中小企業の経営者さんから「自社の取り組みを根本から考え直そうと思う、目からウロコの内容だ」などの嬉しい意見をいただくことができました。

その後、独立した私は、独自に開発したこのゲーム化メソッドと展示会営業術の融合を試みました。そして、この2つの手法を融合しお手伝いすることで、たくさんの中小企業さんで、より大きな成果が出るようになったのです。

その研究と実践の結果を3冊目の著書『飛び込みなしで新規顧客がドンドン押し寄せる「展示会営業」術』（ごま書房新社）として出版させていただきました。

この本は、独立して初の出版とあって、わたしは今まで以上に全精力を注ぎ執筆し、発売後もかってないほどの気合いで販促を行いました。その結果、たくさんの応援のメールをいただいたり、一度もお会いしたことのない著名な経営者様からご相談をいただいたり・・・予想を超えた反響が出て正直驚きました。

読み込まれて手垢まみれで付箋だらけになった拙著を客先で目にしたことも一度や二度ではありません。

「清永さん、あなたに出会えて本当によかった。展示会の強化だけでなく、シゴト（営業活動）そのものを見直すきっかけになりましたよ」

「文中の通り、これまでの展示会は、単に付き合い出展していただけだった。でも展示会営業®術を活用したら、複数の大口顧客を獲得できて、製造が追いつかないほどだ！」

「清永さんの研修を通じて、社内の雰囲気が変わった。これまでいがみ合っていた営業部門と製造部門が一丸になって顧客のことを考えるようになりました！」

などの言葉を聞き胸が熱くなったこともあります。

わたしは、自社の想いや志を発信する場として展示会を活用することを強くお勧めしていますが、こうした言葉を聞くと、わたし自身の想いや志も伝わった気がして本当に本当にうれしくなるのです。

・・・・・・・・・・・・・・・・・・・・・・・

長々とお恥ずかしい話にお付き合いいいただきありがとうございました。

私が『展示会営業®コンサルタント』のモットーとしているのは、成果はもちろんですが、なにより出展側が楽しむことです。

展示会とは、ある意味、イベントです。お祭りと言ってよいかもしれません。そんな活気ある場で、真面目一本やりで取り組んでも、よい結果が出るはずはありません。ゲームにして遊び心を持つくらいで、ちょうど良いのです。

あなたが展示会の来場者だとしてください。真面目に仏頂面で対応しているブースと、まるでゲームで遊んでいるかのように楽しそうにしているブースがあったとすると、あなたは、どちらのブースの会社の話を聞きたくなるでしょうか？

答えは、言うまでもないですよね。


こうやって、ゲーム化メソッドを取り込むことによって、遊び心や前向きな気持ちが加わった展示会営業術は、中小企業さんにとって一層成果が出る手法に洗練されていくのです。

そんな理想を追い求め、わたしは今日も、日本唯一の展示会営業コンサルタントとして、全国の中小企業さんの展示会営業をサポートに飛び回っています。

出会う経営者の大先輩方に、日々たくさんの学びをいただき、感謝と充実を感じながら・・・。

第3章

「3秒」で
顧客の心をつかむ、
展示会営業®のヒミツ！

1 わかりやすいブースで全てが決まる！

出展コンセプトが固まったら、次は、展示会当日の展示会場での運営オペレーションについて考えていきます。

展示会場での運営オペレーションで、検討すべきことは大きく分けて2つあります。ひとつは「どんなブースをつくるか？」、もうひとつは「どんなツールをどう使うか？」です。

この章では、まず「どんなブースをつくるか？」を考えていきましょう。

突然ですが、質問です。

あなたは、次のページの「どちらのお店」に入りたいでしょうか？

選べないですよね。なぜ選べないのでしょうか？

どちらのお店にも**「田中商店」「山田商店」とお店の名前が入っているだけ**です。

どちらのお店に入りたいですか？

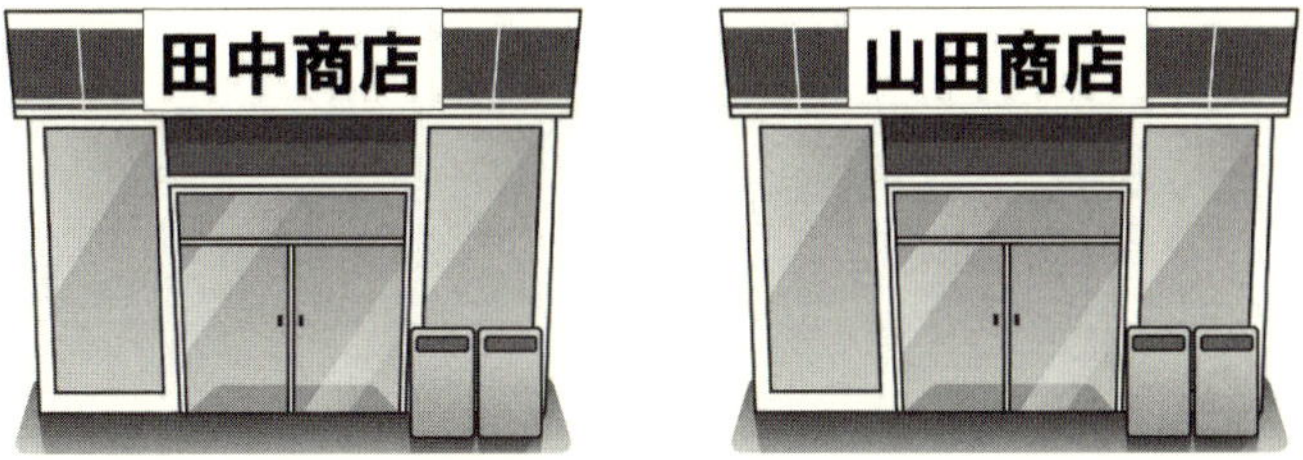

しかも、あなたの悩みやあなたが何のためにお店に入りたいかという状況設定がされていません。これでは、どちらのお店に入りたいか、選べるはずがありません。

では、これならどうでしょうか？

「あなたはコーヒーが飲みたくてたまらない」どちらのお店に入りたいですか？

あなたの悩みが設定されました。あなたは、**コーヒーが飲みたくて仕方ない**のです。これなら選べるでしょうか？　これでも無理ですよね。だって、田中商店と山田商店のどちらがあなたの悩みを解決してくれるかわからないのですから。

「あなたはコーヒーが飲みたくてたまらない」
どちらのお店に入りたいですか？

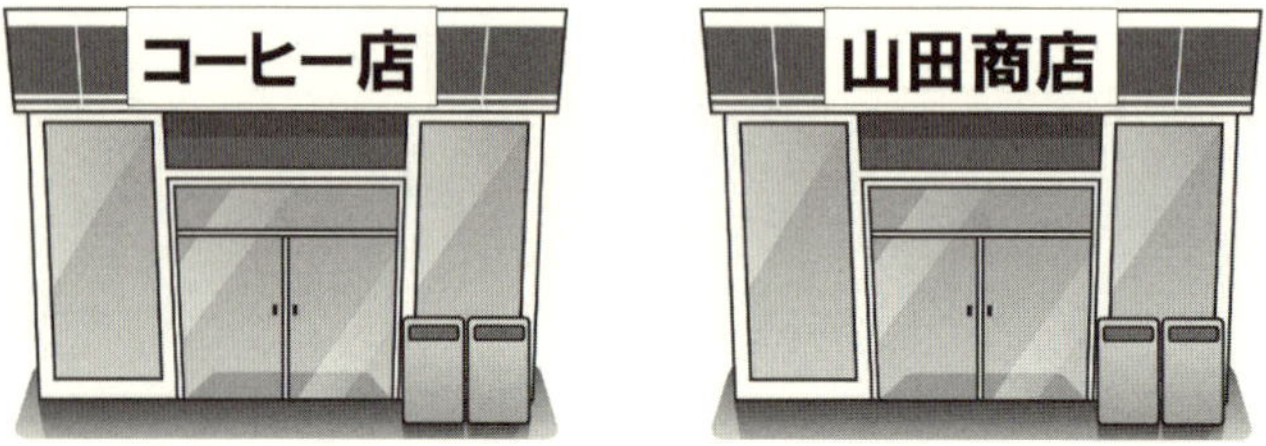

では、上の図になるとどうでしょうか？

あなたは、コーヒー店を選んだはずです。**あなたは、コーヒーを飲みたくてたまらなくて、そこに「コーヒー店」と「山田商店」と書かれた看板がある**のです。コーヒー店を選ぶしかないですよね。

何を当たり前のことを言っているんだ・・・

あなたは、そう思ったかもしれません。でも、**展示会場では、多くのブースが「田中商店」や「山田商店」のようになっていて、来場者に素通りされてしまっている**のです。これでは、もったいないですよね。

来場者が熱意をもって「このブースはどんなブースなのかな？」と考えてくれる、

というのは出展社の幻想です。むしろ逆です。第一章の【展示会における真実その1】でお伝えした通り『来場者、ブースに立ち寄り、たくはない』です。

典型的なケースを考えてみましょう。

来場者は展示会場に何時間くらい滞在するでしょうか？　人によるでしょうが、長い人でもおそらく4時間くらいでしょうね。そして、展示会場で真剣に情報収集をしに来ている人は、事前に立ち寄りたいブースをピックアップしているはずです。ピックアップしているブースは5つほどでしょうか？　この5つのブースは、多くの場合、誰もが知っている大企業でしょうね。この5つのブースに平均20分立ち寄るとすると100分経過です。

残り時間は、4時間（240分）マイナス100分＝140分です。この140分を使って来場者は予定していないブースに立ち寄るのです。チラっと見てすぐに通り過ぎる場合もあれば、話し込んで長い時間になるケースもあるでしょうが、予定外ブースの平均滞在時間を5分とすると、140分÷5分＝28ですから、**わずか28個のブースにしか来場者は立ち寄らない**ということになります。

もしも、あなたのブースが、来場者にとっての28個に入らなければどうなるでしょうか？　せっかくお金と労力を使って出展していても、来場者にとってあなたのブースは、存在していないのと同じという悲しいことになってしまいます。

では、どうすればよいのでしょうか？　来場者はできるだけブースに立ち寄らないでおこうとしています。しかも、あなたのブースが通路に面しているのは、一小間（展示会の最小スペース）だと3メートル、広めの二小間でも6メートルにすぎません。

つまり、来場者はわずか3秒程度であなたのブースを通り過ぎていってしまうのです。**展示会で成果を出すためには、この3秒の壁を乗り越えることがまず必須条件なのです。**

では、どうすれば3秒の壁を乗り越えることができるのでしょうか？　そのことを考えるには、前述の田中商店・山田商店の質問が重要な示唆をもたらしてくれます。

3秒の壁を乗り越えて来場者にあなたのブースに立ち寄らせるには、あなたのブースが、

『だれの、どんな悩みを解決するブースなのか？』

をパッと見てわかるようにするのです。ここで、第二章でお伝えした出展コンセプト検討シートの出番です。

『だれの、どんな悩みを解決するのか?』は出展コンセプト検討シートに書いてあります。『だれの』は、シートの左上「展示会で出会いたい人は?」です。そして、『どんな悩み』は、シートの右上「その人が日ごろ心の中でつぶやいている悩みは?」ですね。

2 3秒の壁を突き破るブースキャッチコピーとは?

出展コンセプト検討シートが完成していれば、『だれの、どんな悩みを解決するブースなのか?』は固まっているはずです。今度は、それを来場者にパッと見て3秒以内にわかるようにしていきましょう。

どうすれば、来場者に一瞬で伝えることができるのでしょうか? **それは、ブースの最も目立つところに、大きな文字で『だれの、どんな悩みを解決するブースなのか?』を書く**という方法が一番効果的です。もっとも効果的な場所は、ブース上部のパラペットと呼ばれる部分です。展示会営業®ノウハウでは、このパラペットに書く文字のこ

第1章 第2章 第3章 第4章 第5章 第6章

とを、**ブースキャッチコピー**と呼んでいます。

ブースキャッチコピーは上図のように、もっとも目立つところに入りますからとても重要です。このブースキャッチコピーが、来場者にしっかり刺さるものになっているかどうかによって成果が3～5倍も変わってきます。

では、どのようなブースキャッチコピーなら成果が出るのでしょうか？

実は、**成果が上がるブースキャッチコピーには3つの鉄則があります。**ここでは、この3つの鉄則を順にみていきましょう。

鉄則1は、「メリット提示」です。

来場者は、「自社や自分にメリットがある」と思うから、そのブースに興味を持つのです。

A

経費を大幅に削減することができます

B

2年で経費を35％削減することができました

ですから、どんなメリットを与える商材を展示しているブースなのかをわかりやすく伝えましょう。ここで重要なのは、**商品のスペックや実績ではなく、来場者に提供できるメリットを提示する**ということです。出展コンセプト検討シートの右下『だったら、うちが（こんな風に）役に立てますよ』に書き込まれている項目を端的に表現してみましょう。

鉄則2は、「具体性」です。

来場者は具体的であればあるほどブースに足を止めます。では、どうすれば具体的になるのでしょうか？ それは、**ブースキャッチコピーの中に数字を入れることです。**

上図を見てください。

A：「経費を大幅に削減することができます。」

B：「2年で経費を35％削減します。」

あなたは、AとB、どちらの方に引き付けられましたか？　Bですよね。ブースキャッチコピーに数字を入れるだけで、訴求力が格段に高まるのです。ブースキャッチコピーに数字を組み込めないか？　と考えてみましょう。

「そうは言うけれど、どんな風に数字を組み込んだらいいかわからない」

あなたは、そんな風に思ったかもしれません。でも、安心してください。次の3つの切り口で考えてみてください。あなたもキャッチコピーに数字を組み込むことができるはずです。

一つ目の切り口は、量です。たとえば、「リピート率○％」とか、「○件の実績」のように量を切り口に数字を組み込めないかを考えてみましょう。

二つ目の切り口は、時間です。「たった○日で成果が出る」や「○年の歴史」のように時間を表現する数字を考えてみましょう。

一つ目、二つ目の方法で数字を組み込むことがむずかしいと感じた方も安心してください。3つ目の切り口は、商品やノウハウの体系です。商品やノウハウの体系を「○つのポイント」などと表現すれば、必ずブースキャッチコピーに数字を組み込むことができるはずです。

鉄則3は「TO　MEメッセージ」です。

TO　MEメッセージとは、**来場者に「あっ！　このブースは自分のためのブースだ」と感じさせること**です。そのためには、『このブースは、誰の役に立つブースなのか？』をブースキャッチコピーの中に含めてしまいましょう。これは、出展コンセプト検討シートの右上「展示会で出会いたい人は？」そのものと言ってもよいでしょうね。

ただし、注意点があります。というのは、来場者は、

「自分にピッタリのブースだ！」

「まさに自分のためのブースだ！」

と感じるからこそ立ち止まってくれるのです。ですから、あまり広すぎるターゲット設定をしないようにしてくださいね。

たとえば「中小企業の社長　必見！」という書き方だとどうでしょうか？　形式上

(有)エドランド工業のパラペットのTO MEメッセージ

は、TO　ME　メッセージ　になっています。でも、中小企業の社長さんって、世の中に何人いるのでしょうか？　個人事業主の方を合わせると、400万人以上いますね。ちょっと多すぎます。これでは、「まさに、自分にピッタリだ」とは思ってもらいにくいはずです。

もうすこし絞りの効いたTO　MEメッセージを考えてみましょう。TO　MEメッセージはキャッチコピーをつくる上でもっとも重要です。

上の写真をご覧ください。

これは、岐阜県関市の有限会社エドランド工業さんが、機械要素技術展に出展した際のブースです。もっとも目立つパラペットには、メリット提示も具体性もなし。機械メーカーの設計・開発者さま必見!!」との記載しかありません。

「もう少し、色々文字でアピールした方がいいんじゃないか?」

あなたは、そう思ったかもしれませんね。でも、これでよいのです。

このブースには、数多くの来場者が立ち寄りました。機械要素技術展には、製造業のさまざまな部門の人が訪れます。品質部門、製造部門、生産技術部門、購買部門、試作部門、保全・メンテナンス部門。その中で、**『ここは設計部門、開発部門の人に来てほしいブースです!』としっかり伝える**ことで、該当するたくさんの人に立ち寄ってもらえるブースになったのです。

3 《ナマ事例》新潟県の住宅設備メーカー：オークス株式会社のブースキャッチコピー

オークス(株)は、新開発の業務用昇降棚の拡販のためにスーパーマーケットトレードショーへの出展に際して、展示会営業®コンサルティング研修を受講されました。その時にこの3つの鉄則を使ってつくったブースキャッチコピーが、次ページです。

オークス(株)のブースキャッチコピー

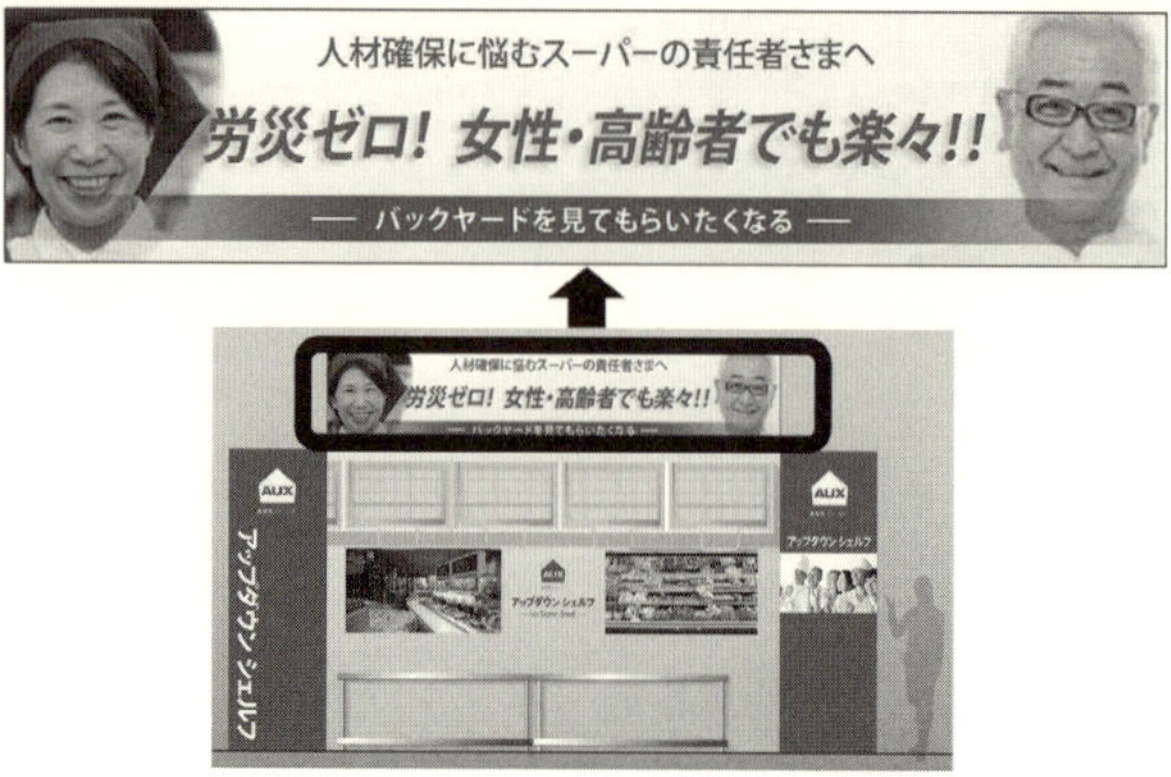

鉄則1：メリット提示は、「女性・高齢者でも楽々！」です。

鉄則2：具体性は、「労災ゼロ！」です。

そして、鉄則3：TO　ME　メッセージは、「人材確保に悩むスーパーの責任者様へ」です。

いかがでしょうか？　ブースキャッチコピーづくり3つの鉄則を上手く活かして、ターゲットに刺さる内容になっていますね。オークスさんは、このブースキャッチコピーなどによって、スーパーマーケットトレードショーで大きな成果を上げました。

オークス(株)の成功要因

1. 自社の強みではなく、来場者のメリットをブースキャッチコピーの中に組み込んだ。
2. ブースキャッチコピーの中に数字を入れて、具体性を高めた。
3. 「どのような来場者に立ち寄ってもらいたいブースなのか？」をブースキャッチコピーの中に明記した。

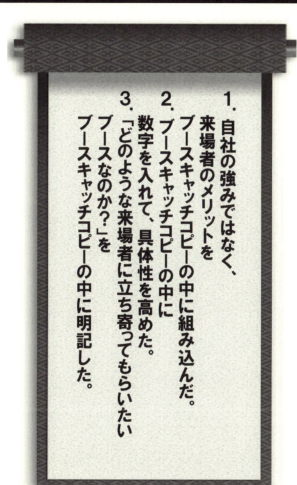

4 応用編：ブースキャッチコピーづくりの裏技

ブースキャッチコピーづくり3つの鉄則だけでも十分成果を上げることができるのですが、ここでは、さらに踏み込んで考えてみましょう。

ブースキャッチコピーをなぜつくるかというと、3秒の壁を突き破って来場者にブースに立ち寄るという行動をとらせたいからですね。では、ここで考えてみましょう。

人はどんな時に行動するのでしょうか？　根本的には、人の行動原理は二つしかないと言われています。

ひとつは「痛みを避けるため」です。そして、**もうひとつは「快楽を求めるため」**です。たとえば、仕事をさぼると怖い上司に怒鳴られる、怒鳴られるのが嫌だから、仕事をする、というのは、痛みを避ける行動です。一方で、仕事をがんばると、お客さんが喜んでくれて笑顔になる、その笑顔が見たいから仕事をする、というのは快楽を求める行動です。同じ仕事をするという行動でも、まったく異なる行動原理から行われることがあるのです。

ここで質問です。人がより短時間で行動しやすいのは、「痛みを避けるため」でしょうか？　それとも「快楽を求めるため」でしょうか？

一般的には「痛みを避けるため」の方が、人を短時間で行動させやすい、と言われています。あなたも、「痛いのはイヤだ！　一刻も早く痛くない状態になりたい。」と思ったことがあるのではないでしょうか？　一方、「快楽」「快楽」に対して、人は

「あぁ。そういう気持ちいいことがあるんだ。それなら、いつかは、やってみよう」

と思いがちです。

つまり、「快楽」というのは、先延ばしにされやすいのです。

ブースキャッチコピーにメリット提示を使うというのは、この「快楽を求める」という人間の性質を利用して引き付けようとするやり方です。だから、

「なるほどぉ。そういう商材があるのかぁ。いつかは検討しようかな。」

と先延ばしにされやすい面があるのです。

一方、「痛み」はどうでしょうか？

「なに！　うちは今、もったいない状態なのか！　一刻も早く手を打たなければっ！」

と、即行動を促しやすいのです。あなたが来場者として展示会場で呼びかけられた時のことを考えてみてください。

「こんな風によくなれますよ」と言われると、「そっかぁ。じゃぁまた考えとくよ」と通り過ぎることができそうですよね。でも、「今、こんなに損してますよ。もったいないですよ」と伝えられると「何！　そうなの？　一刻も早くそのもったいない状態を脱出しなくちゃ」と思うのではないでしょうか？

ですから、来場者に「痛みを避けるため」の行動として、ブースに立ち寄らせるべく、ブースキャッチコピーの中に痛みの要素を入れるということも検討してほしいのです。

では、どのようにすれば、痛みの要素を組み込めるのでしょうか？　実は、**ブースキャッチコピーの中に痛みの要素を組み込むのはむずかしくありません。鉄則１：メリット提示を裏返しすればよい**のです。展示会営業®術では、このことを、メリット提示に対して『**デメリット提示**』と名付けています。デメリット提示とは、その商材を使わなかった時に手に入れ損ねた、本来受け取れたはずのメリットです。

5

《ナマ事例》デメリットを提示した東京都の英語教材アプリ開発　株式会社LACOMSのブースキャッチコピー

デメリット提示型のブースキャッチコピーの例は上図です。

これは、メリット提示型にするなら、

「英語授業のある経営者、教材責任者に朗報！　退会者激減！　残業ゼロを実現するアプリ！」

となるでしょうね。

一方、デメリット提示すると、このように

「損してます！　英語授業のある経営者、教材責任者！　退会者激減！　残業ゼロを約束するアプリ、まだ知らないの？」

となります。

どちらが、来場者をより引き付けることができるでしょうか？

(株)LACOMSの
デメリット提示型ブースキャッチコピー

(株)LACOMSの成功要因

1. その商材を購入しないことによるデメリットを効果的に訴求した。

2. パっと見て、「もったいない」感が伝わるようなブースグラフィックにした。

3. 周りのブースが、明るい未来やメリットを訴えるブースばかりだったので、ちがいをつくりだすことができた。

多くの場合、「もったいない！」とデメリットを提示した方が来場者を引き付けることになるはずです。事実、このデメリット提示型ブースキャッチコピーを掲げた英語教材アプリ開発の株式会社ＬＡＣＯＭＳさんは、塾・教育総合展という展示会で、もっとも多くの来場者を集めたブースになったのです。

「痛み」訴求型、デメリット提示型のブースキャッチコピーは、もしかすると、来場者を脅かしているように感じられて、掲げるのに、少し勇気がいるかもしれません。しかし、上手く使えば、より多くの来場者を自社のブースに引き付けることができます。

あなたもぜひ、試してみてください。

6 来場者をグッと引きつけて人垣をつくる体験アトラクションとは？

ブースキャッチコピーを練り上げることで、あなたのブースに立ち寄る来場者の数は格段に増えるはずです。では、それだけで万事オッケーなのでしょうか？　そうではありません。あなたのブースに来場者の人垣をつくるためには、もうひとつ重要なポイントがあるのです。

それは、**「来場者の感情を動かす」**という点です。わたしたちは、特にビジネスの現場においては、感情よりも理性を重視しがちです。

理性、正論を重視した結果、

・データ（実証、予測）
・ロジック
・比較
・メリット
・こうすべき

といった要素を重視したパンフレットやプレゼンがビジネスの現場にあふれています。ビジネス現場の最前線である展示会場もまさにこの状況です。

これらはもちろん重要です。重要だからこそ、ブースキャッチコピーづくりの鉄則1は「メリット提示」なのです。あなたの商材の購入検討が佳境に入った段階では、購入検討企業はメリットや費用対効果を考えるでしょうし、購入にあたって社内で決裁をとるための稟議書はロジカルに書く必要があります。

でも・・・展示会で、「来場者がどのブースに立ち寄るか？」については、実は、理性や正論だけが決定打にはならない人もいます。

展示会場に来場者として行ったことがある方は、その時の自分を思い出してください。行ったことがない人も、想像してみてください。あなたはどんな時に、ブースに立ち寄るでしょうか？

むずかしいことは抜きにして、単純に「なんとなくおもしろそうだと思った時」にブースに立ち寄るのではないでしょうか？　そうです。「ん？　このブース、なんとなくおもしろそうだなぁ」という感情を抱かせることこそが重要なのです。来場者の感情を刺激することによってあなたのブースに人垣をつくることができるのです。

7
《ナマ事例》来場者の感情を刺激し大きな成果を上げた４社

では、どうすれば来場者の感情を刺激するブースをつくることができるのでしょうか？　その答えのひとつが、**ゲームやアトラクションなどの楽しい体験を提供すること**です。

英語学習アプリ(株)LACOMSの体験アトラクション

たとえば、英語学習アプリを訴求する株式会社LACOMSさんのブースでは、アトラクションとして、ダーツを行いました。そして、ダーツで高得点を出した来場者に、自社の英語学習ノウハウの一端をまとめたシートをプレゼントしたのです。

また、ごまの製造販売を行う株式会社和田萬さんでは、来場者を楽しませる仕掛けとして、ある意外なものを使いました。その意外なものとは、"おみくじ"です。和田萬さんでは、自社のキャラクター「ごまやん」が持つすり鉢の中におみくじを入れておき、来場者に引いてもらうようにしたのです。そして、そのおみくじの裏面には、自社のごま豆腐やごまアイスなど、自社商

ごま製造販売（株）和田萬の体験アトラクション

オリジナルキャラクター
'ごまやん'

'ごまやん' のすり鉢の中に
「おみくじ」が入っている

おみくじには、
ごま料理
のレシピが！

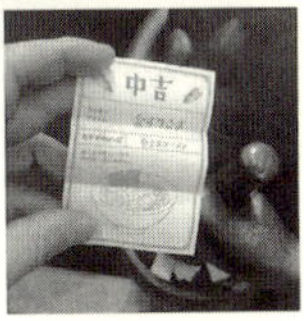

材を使った料理のレシピが掲載されています。

業務用昇降棚を訴求するオークス株式会社さんのブースでもおもしろい取り組みを行いました。

オークスさんの商材である脚立なしで上げ下ろしできる棚の上に、抽選くじを置いたのです。そして、来場者さんに、その棚をひっぱり下ろしてしてもらいます。さらに、ひっぱり下ろすだけでなく、その棚にあるくじをひいてもらうのです。このことによって、来場者さんは、脚立なしで、大きな力も必要なく、棚を引き下ろせるという、この商材の価値を体験します。

そして、引いたくじが、当たりだったの場合は、通常有料のバックヤード効率化診

業務用昇降棚　製造販売　オークス(株)体験アトラクション

3Dソリューション開発(株)スマートスケープの体験アトラクション

上のモニターに投影されたものと同じ形状の図面を下のパネルから探す

断を無料でして差し上げるのです。

もうひとつ例を挙げます。3Dを使ったソリューションを提供するスマートスケープ株式会社さんでは、ものづくりワールド・設計・製造ソリューション展で、3D類似形状検索システムをアピールしたいと考えていました。

この3D類似形状検索システムは、図面上の細かい形状を把握することができるとてもすぐれた製品です。しかし、そのことをそのまま、ブースでアピールしてもおそらく伝わらないでしょう。何がすごいのか、どう役に立つのかがわかりにくいのです。


そこで、スマートスケープさんでは、この製品の特長を体験アトラクションの中で伝えることにしたのです。

スマートスケープさんの体験アトラクションはこうです。まず、パッと見ただけではちがいがわからない部品の図面を60個ほどパネルに掲示します。そして、スクリーンに表示した部品と同じものを来場者に30秒で探してもらうのです。

同じような部品が並んでいるので、簡単には正解はわかりません。来場者が四苦八苦しながら、正解を探そうとする様子をマイクで実況中継します。

「高さがちがうようです！」

「あ〜、惜しいです。でも穴径がちがいます！」

「同じ形状を人間の目視で見極めるのはむずかしいですねぇ！」

この体験アトラクションをすることで、アトラクションに参加した人やそれを見ている人は、図面に記載された部品の細かい形状を人間の目で把握するのが、いかにむずかしいかを自然と理解します。

そこで、すかさずこう言います。

「でも、弊社の製品なら一瞬で正解を探すことができます。」

スマートスケープさんでは、このようにして、体験アトラクションを活用して効果的にその製品のよさを伝えたのです。

8 体験アトラクションを受注につなげる3つのポイント

このような体験やアトラクションを効果的に行うポイントは、3つあります。

一つ目は、来場者が身体を動かすようなアトラクションをつくることです。展示会場の人込みの中を練り歩き続けるのは来場者にとって想像以上に大きなストレスなのです。そんな中、身体を動かしてリフレッシュしてもらうことで、あなたの会社のブースを、他のブースとは異なる好印象とともに記憶してくれるようになります。

二つ目は、体験やアトラクションをにぎやかに行うことです。マイクで実況中継するのもよいですし、高得点が出たときには、「当たりましたぁ！」という元気のよい掛け声とともにハンドベルなどで祝福の鐘を高らかに鳴らしましょう。人は、にぎやかなところに集まります。そして、人が集まれば、その集まった人がさらに人を呼び、人垣ができるのです。

三つ目は、単に体験やアトラクションを提供するだけではなく、体験やアトラクションの賞品として景品を用意するという点です。この景品を何にするかが大きなポイントです。**景品は、ただの粗品であってはいけません。**ボールペンやミネラルウォーターなどを景品にするのはもってのほかです。では、どのような景品にすればよいのでしょうか？

答えは、「自社の商品やノウハウがすぐれていることが伝わるようなものを景品にする」です。LACOMSさんや和田萬さんの事例のように、ノウハウシート、レシ

4社の成功要因

1. 来場者が、自社ブースを好印象とともに記憶してくれるように、来場者の身体を動かす体験アトラクションを展開した。
2. マイクやハンドベルを使い、体験アトラクションをにぎやかに行うことによって、人が人を呼ぶ好循環をつくりだした。
3. 体験アトラクションの景品として、ノウハウシート、レシピ、診断など自社の商品やノウハウが優れていることが伝わるものを用意した。

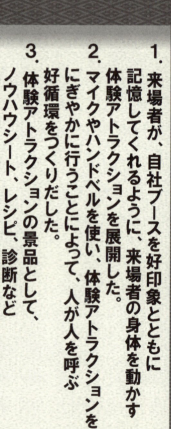

ピ、診断などがよいでしょうね。そうすることで、受注・成約までの動線がスムーズに進むようになり受注率が高まります。

ブースで楽しい体験やアトラクションを行うことによってライバルのブースでなく、来場者は、あなたのブースに立ち寄るようになります。ぜひ試してみてください。

9 盲点！　ブースに人垣をつくる裏技

あなたのブースに人垣をつくる方法が実はもうひとつあります。それは、**マスコミから取材を受けること**です。出展する展示会と出展コンセプトが決まったら、その会場の地元や、その業界のマスコミ向けにプレスリリースを打ちましょう。本書の手順にしたがって練り上げた出展コンセプトを伝えることができれば、テレビ、ラジオ、新聞、雑誌、業界紙などのマスコミが興味を持ち、取材依頼をしてくることもよくあります。特にその地方の新聞や地域密着のメディアなどは狙い目です。

場合によっては、マスコミが展示会当日まで待ちきれず、今すぐ取材させてほしい、と依頼してくるケースもあるでしょう。うれしいですね。もちろん、快諾して取材してもらいましょう。

ここで、ひとつ忘れてほしくないことがあります。それは、そうした場合でも、「展示会の当日も取材に来てください。」と必ずマスコミに伝えることです。

ここで重要なのは、**せっかくなら大げさに取材してもらう**ことです。できるだけ大きなカメラを持ってきてもらい、可能な限り大人数で取材に来てもらいましょう。照明やカチンコなどもあるといいですね。「テレビ○○　取材中！」と記載したA3サイズの厚紙を自社で大量に用意して、取材中、ブースのさまざまなところに貼っておくのも効果的です。

10 《ナマ事例》マスコミ取材で人垣をつくった愛知県の雑貨企画製造：丸和貿易(株)

わたしの展示会営業®コンサルティング研修を受講した愛知県の雑貨企画製造、丸和貿易(株)さんでは、自社のブースにマスコミを呼ぶことに成功しました。

取材に来てくれたのは、レインボータウンFMのラジオパーソナリティ　松パパこと松本哲浩さんとしんじ号こと福島真司さん。わたしと旧知の間柄だったことでブースへの取材が実現しました。

マスコミ取材で人垣をつくった丸和貿易（株）のブース

上の写真がその時の様子です。

いかがでしょうか？　この瞬間、丸和貿易さんは、名だたる大手企業のお金をかけた広大でぜいたくなブースを押さえて、この会場でもっとも人を集めているブースになったのです。このように、あなたも**マスコミに取材されているということ自体をブースの展示物にしてしまう**、という発想をぜひ持ってほしいと思います。

なお、マスコミを呼ぶための資料や段取りの事例を私のホームページで本書販売期間限定にて配布しています。ご興味ある方はご請求ください。

・https://www.pure-consul.com/syuzai/

第3章をまとめてわたしがご説明する動画をご用意しています。
こちらもぜひご覧ください。
URL：https://1.tenzikai.jp/nbdouga

第4章

成果を大きく変える展示会場で使うべきツールとは？

1 展示会で絶対に用意すべき90%の企業が知らないツールとは?

わたしは、展示会営業®コンサルタントとして、東京ビッグサイト、幕張メッセ、インテックス大阪などの展示会場に年間100回以上足を運びます。そして、出展社や来場者を観察します。職業柄、出展社や来場者を観察する癖がついています。そんなわたしが、あるとき、展示会場で衝撃的な光景を目にしたのです。

それは、幕張メッセの共有スペースでの出来事でした。

その男性は、展示ホール5から出てきました。展示会に情報収集に来ていたようです。男性は、両手に大きな荷物を抱えています。布製のカバンには、大きな文字で企業名が刺繍されています。どうやら、どこかのブースで渡されたノベルティバッグのようです。そのノベルティバッグの中もたくさんのモノが詰め込まれていてパンパンです。おそらく、展示会場で配られたカタログ、パンフレットや、ボールペン、ミネラルウォーターなどのノベルティがギュウギュウに詰め込まれているのでしょう。

そして・・・わたしが衝撃的な光景を目にしたのは、次の瞬間です。
男性は、その布のノベルティバッグの2つの取っ手をひっぱって固く縛りました。
そして、次の瞬間、なんと・・・バッグごと、ゴミ箱に捨ててしまったのです・・・。

「許せない！　出展社さんが時間と労力とお金を使って　必死で知恵を振り絞ってつくった販促物をその場で捨て去るとは！！！」

わたしは、展示会営業®コンサルタントですから、本音では、来場者よりも出展社の心情に寄り添って考えてしまいます。ですから、この光景を目にした時、直感的にこう思ってしまいました。

でも、冷静になってみると、この男性の方の気持ちもわかる気がします。
「特にほしくもないけれど、もらってくれと強く言われたから　もらってやったんだ。でも、持って帰っても仕方ないし、重いから捨てたいな」
「おっ！　いいところに　大きなゴミ箱があった。（展示会場には大きなゴミ箱がたくさんあります）よし！　捨ててしまおう」

多分、悪気はなく、こんな気持ちなんだろうなと思うんです。でも、これでは、出展社にとっても、来場者にとってもあまりにも悲しすぎます。それに、地球にも優しくないです。では、どうすればよいのでしょうか?

どうせ捨てられるなら、何も渡さなければいいのでしょうか? いえいえ、それはまずいです。お金と時間を費やした展示会でせっかく出会えた見込み客です。何か形に残るものをお渡しして、自社を記憶に残してもらうことは必須です。

では、何をお渡しすればいいのでしょうか?


実は、この問いには、明確な答えがあります。それは・・・

『名刺』です。

名刺なら、来場者に受け取ってもらいやすい上、**ビジネス心情的に捨てられることが少ないはずです。**あなたも、もらった名刺を「ポイ」と無造作に捨ててしまうのはなんとなく気がひけるのではないでしょうか。

「な〜んだ。そんなことか。名刺ならいつも渡しているよ!」

そう思ったあなた。ちょっと待ってください。いつも使っている名刺を単に渡すだけでは、他のブースと同じになってしまいますよ。それでは、もったいないです。

では、どうすればよいのでしょうか? 答えは、**『「展示会用の名刺」を工夫して新**

たにつくる』ことです。

私の「展示会営業®」術では、このように工夫した名刺のことを、**『展示会専用顧客獲得型名刺』**と名付けています。

2 《ナマ事例》展示会専用顧客獲得型名刺で大きな成果を上げた日建リース工業（株）法人事業部

それでは、『展示会専用顧客獲得型名刺』の具体例を挙げましょう。

次の名刺を見てください。

これは、わたしの提供する展示会営業®コンサルティングのクライアントの日建リース工業株式会社の店舗や病院などに癒しのＢＧＭを販売する法人事業部の事例です。

日建リース工業法人事業部さんが、ＨＯＳＰＥＸ　ＪＡＰＡＮという病院、福祉、医療関係者が一堂に集う展示会に出展した際に実際に作成した名刺です。

・何を扱っていて、

展示会専用顧客獲得型名刺

▼表面

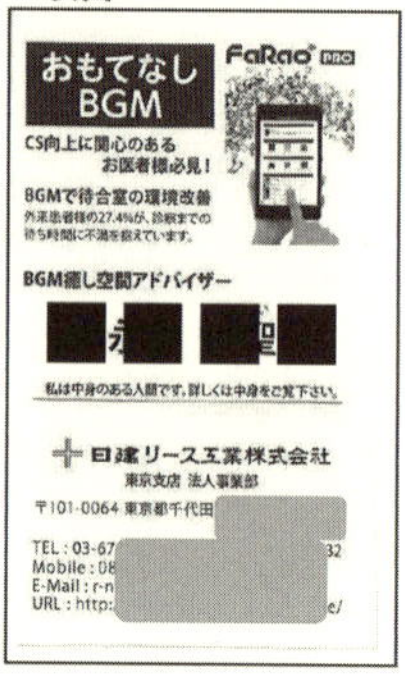

▼2つ折り中面左　▼2つ折り中面右

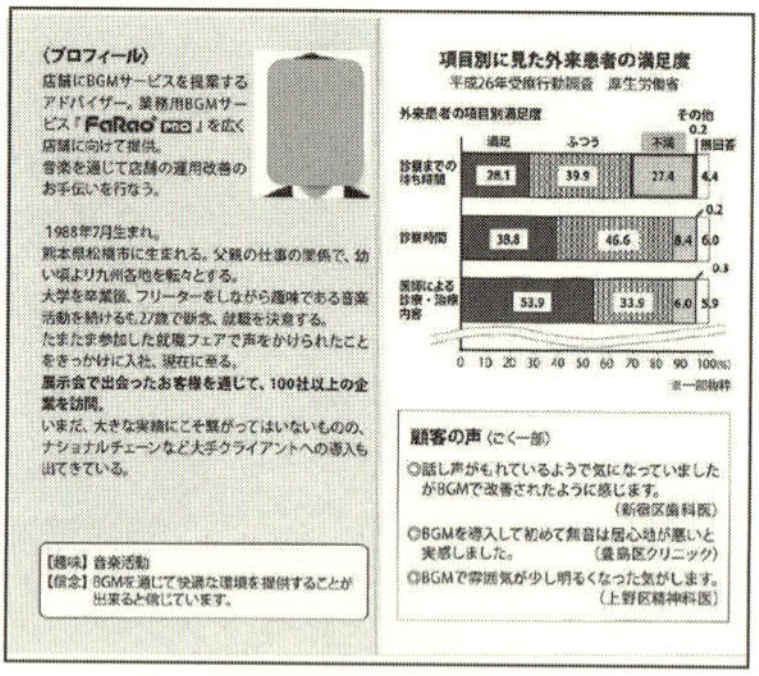

▼裏面

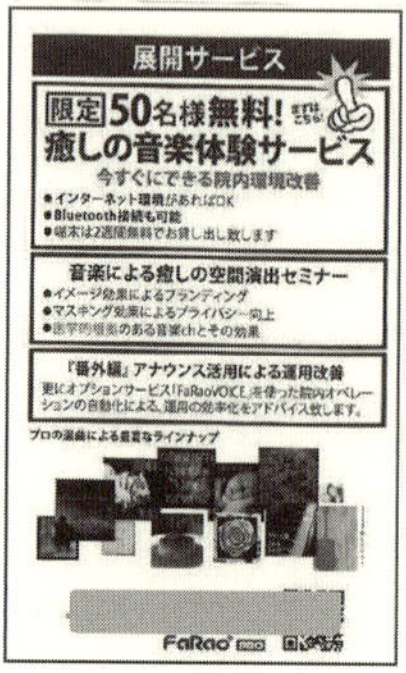

・**何がよくて、**
・**自分はどんな人間で、**
・**来場者にどうしてほしいか？**

がパッと見てよくわかると思いませんか？

日建リース工業法人事業部さんは、病院以外にも飲食店や雑貨屋などの店舗も対象にしています。ですから、飲食店オーナー向けの展示会に出展する際はまた別の名刺をつくるのです。このように、展示会出展コンセプトにもとづいて、出展する展示会ごとに毎回名刺を作成するという発想をあなたもぜひ持ってほしいと思います。

繰り返しますが、カタログ、パンフレット、ノベルティなどと比べて、**名刺は心情的に捨てられにくい**のです。このように、渡すアイテムを工夫することで、その後の成果も大きく変わってくるのです。

3 展示会専用顧客獲得型名刺の作成に必要な3つの要素とは？

では、どのようにして『展示会専用顧客獲得型名刺』をつくればよいのでしょうか？

いきなり結論から言います。それは、あなたが思う**来場者が展示会場で起こす理想の行動をそのまま、名刺に落とし込んでしまえばよい**のです。実は、『展示会専用顧客獲得型名刺のつくり方は、とてもシンプルなのです。

この**来場者が展示会場で起こす理想の行動**とは、一般的にこういうイメージではないでしょうか？

1. どこかにおもしろい情報を提供しているブースないかなぁ。
2. ある出展社（あなたの会社）のブースキャッチコピーが目にとまる。
3. 出展社（あなたの会社）のスタッフが丁寧に説明してくれる。
4. 展示している商材に実際に触れたり体験したりしてみる
5. 「なかなか、よさそうだぞ。スタッフさんも詳しいなぁ。でも、売り込まれたらいや

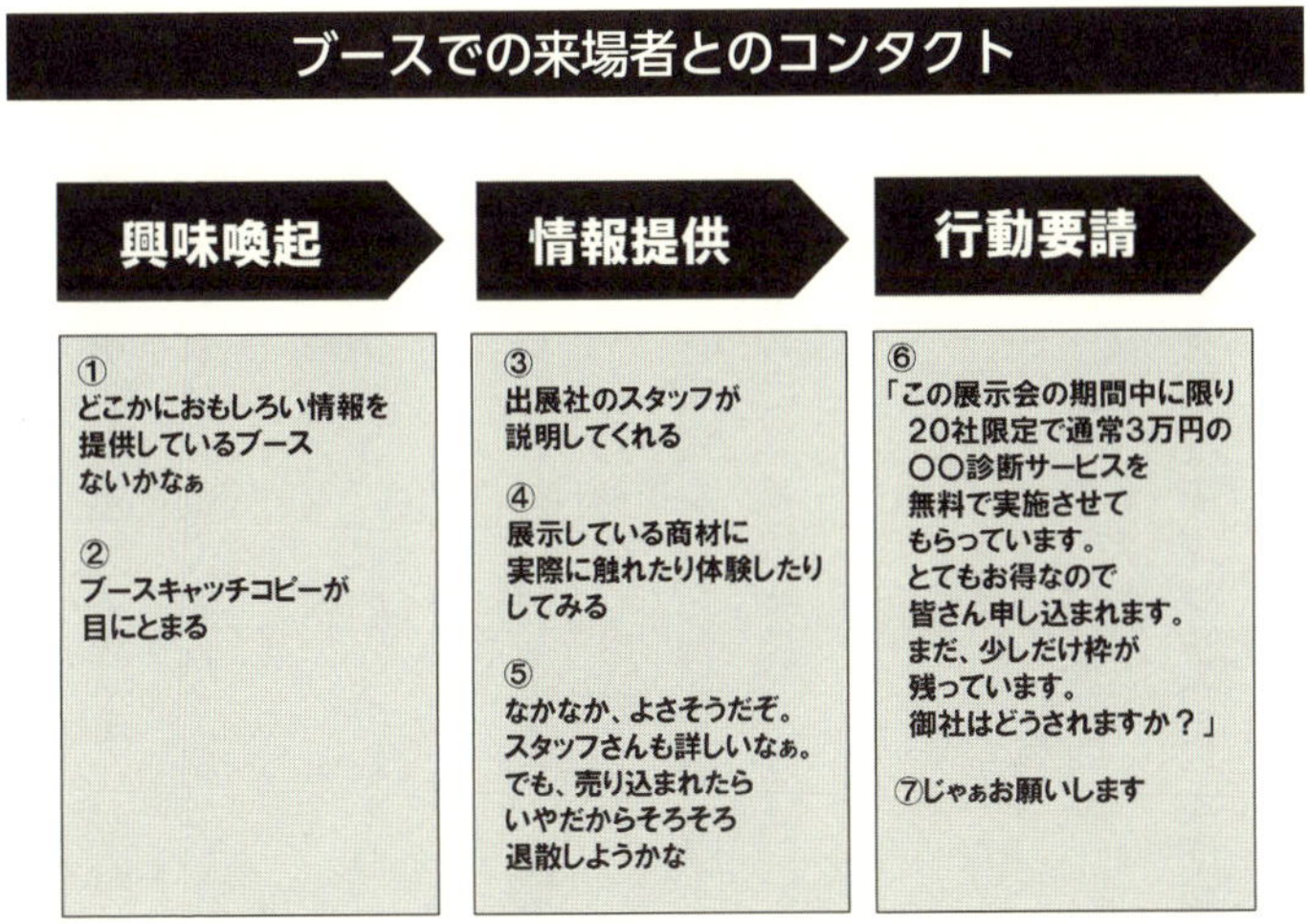
ブースでの来場者とのコンタクト
興味喚起
情報提供
行動要請
①どこかにおもしろい情報を提供しているブースないかなぁ
②ブースキャッチコピーが目にとまる
③出展社のスタッフが説明してくれる
④展示している商材に実際に触れたり体験したりしてみる
⑤なかなか、よさそうだぞ。スタッフさんも詳しいなぁ。でも、売り込まれたらいやだからそろそろ退散しようかな
⑥「この展示会の期間中に限り20社限定で通常3万円の○○診断サービスを無料で実施させてもらっています。とてもお得なので皆さん申し込まれます。まだ、少しだけ枠が残っています。御社はどうされますか?」
⑦じゃぁお願いします

だからそろそろ退散しようかな・・・」と思われる。

6. そこですかさず、「この展示会の期間中に限り20社限定で、通常3万円の○○診断サービスを無料で実施させてもらっています。とてもお得なので皆さん申し込まれるのですが、まだ、少しだけ枠が残っています。御社はどうされますか?」などと一押しする。

7. 「じゃぁ、ぜひ、お願いします!」と言われて見込み客ができる!

ざっくり言うとこんな流れになるのではないでしょうか?

この流れ、分解すると、**「興味喚起」**→**「情報提供」**→**「行動要請」**という3つの要素になっていることにあなたは気づいたでしょうか?

1と2が「興味喚起」、3、4、5が「情報提供」、6と7が「行動要請」ですね。そうです。これを名刺で表現すればいいのです。

では、具体的には、どのようにすればよいのでしょうか?「興味喚起」「情報提供」「行動要請」の3つの要素を表現するためには、名刺の裏表を使うだけでは、少しスペースが少ないですね。ですから、**『展示会専用顧客獲得型名刺』は名刺を二つ折り形式にすること**をお勧めしています。

二つ折り名刺ですから、使えるスペースは、表(おもて)面、中面、裏面になります。このスペースに「興味喚起」「情報提供」「行動要請」の3つの要素を当てはめていくのです。

表面には、

・この展示会で出会いたい人
・来場者の目を引くキャッチコピーや肩書
・展示会で訴求している商材の写真

展示会専用顧客獲得型名刺　おもて面（興味喚起）

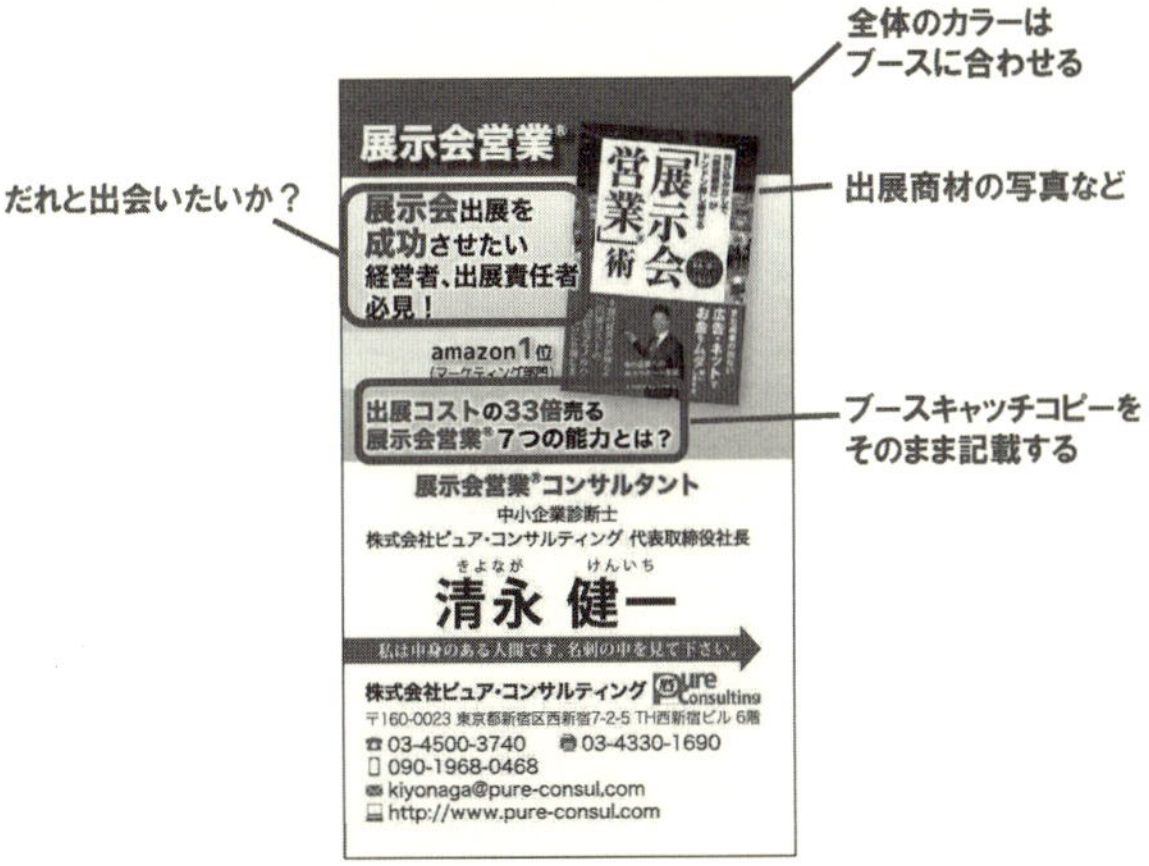

を必ず入れましょう。たとえば私の名刺なら上図のようになります。

続いて、中面左側には、300から400文字のプロフィールを載せましょう。この時に、信念やビジョンを入れて、来場者に共感してもらうことがポイントです。これによって、

「どうせ買うなら想いを持ってがんばってる営業パーソンから買いたいぞ」

という来場者の気持ちをクリアします。

そして、中面右側上段には、メリットや選ばれる理由、商材の特徴などを入れ、来場者の不安を解消するとよいでしょう。

中面右側下段には、実績や顧客の声を掲載して商材を購入した後の明るい未来をイ

展示会専用顧客獲得型名刺　中面（情報提供）

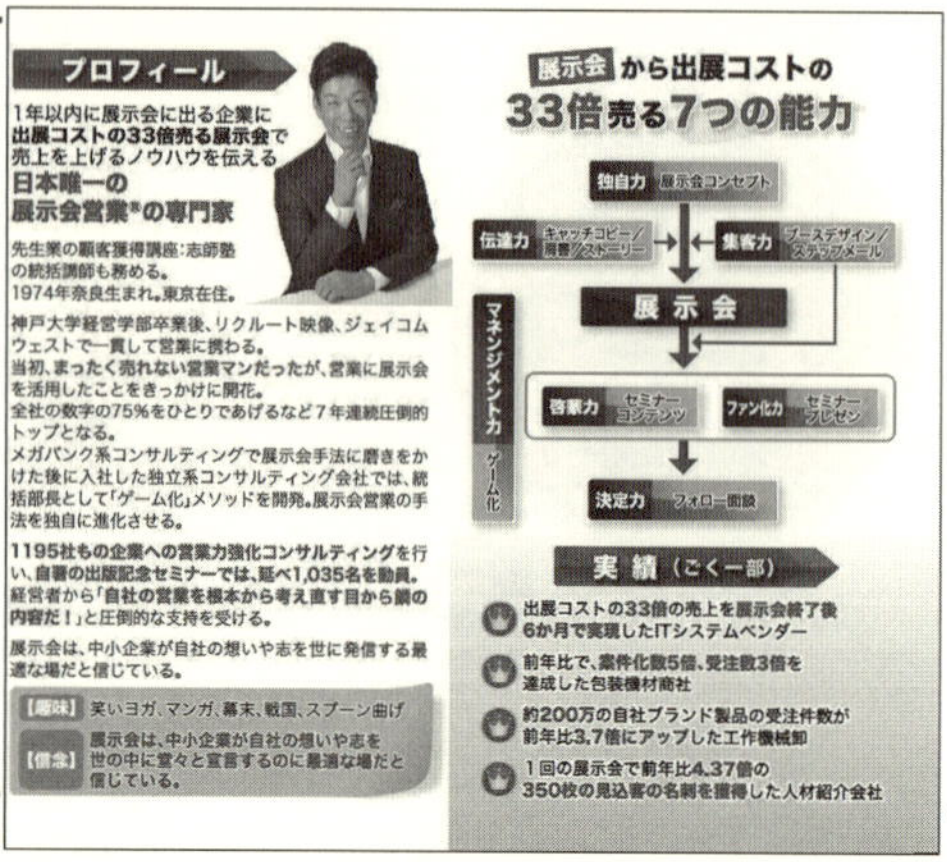

【プロフィール】理念・ビジョン・志・使命を必ず入れる

【不安の解消】メリット、選ばれる理由、商材の特徴の図解など

【購入後のイメージ】実績・顧客の声

展示会専用顧客獲得型名刺　裏面（行動要請）

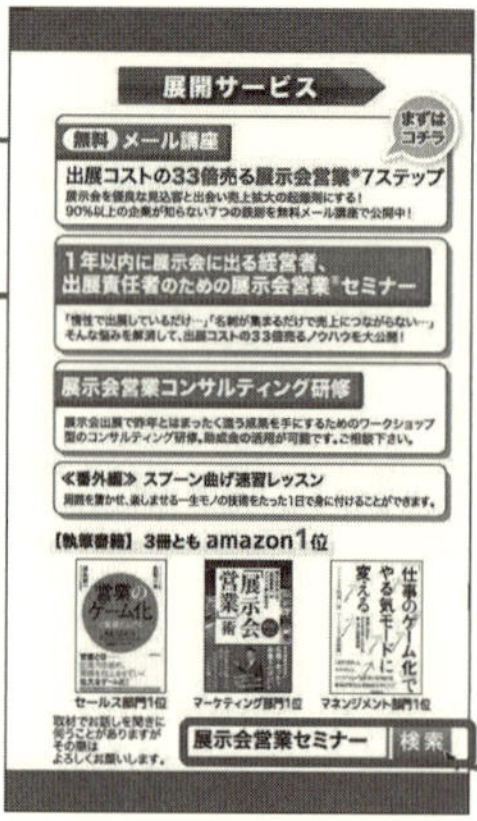

一番上に、見込み客への行動要請（特典企画）を載せる

展示している商材の紹介など

検索してほしいワード

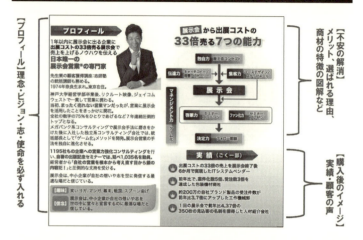

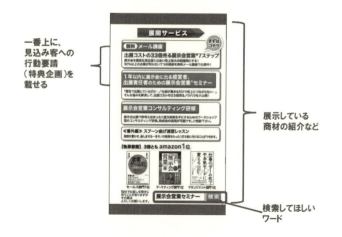

メージしてもらいましょう。わたしの名刺を例にすると、右ページ上段のようになります。

そして、**裏面には、一番上の目立つところに、この展示会限定の「特典企画」をしっかり明記して、行動を促しましょう**（「特典企画」については、第五章でくわしく解説します）。

下のスペースには、出展商材の紹介や検索してほしいキーワードを記載しましょう。わたしの名刺だと右ページ下段のようなイメージになります。

いかがでしょうか。今まで名刺をこんな風に活用しようと思ったことはありましたか？

たかが名刺ですが、されど名刺。アイデア一つでここまで効果を発揮できるのです。

4 《ナマ事例》受注額を7・1倍にした（株）ネットランドジャパンの展示会専用顧客獲得型名刺

この『展示会専用顧客獲得型名刺』は、アイデアと名刺代だけという低コストながら、ものすごくパワフルな効果があります。

私に『展示会営業®コンサルティング』をご依頼され、展示会に臨んだ販促ノベルティ製作の株式会社ネットランドジャパンさん（2018年4月1日より株式会社シーンズに社名変更）では、『展示会専用顧客獲得型名刺』の効果で受注額が、なんと7・1倍になりました。その時に作成した名刺が、次のページのものです。

株式会社ネットランドジャパンさんとは念入りに何度も打合せ、『展示会専用顧客獲得型名刺』を作成しました。

ぜひ、あなたも、本書を活用して『展示会専用顧客獲得型名刺』で成果につなげてほしいと思います。

ノベルティ製作（株）ネットランドジャパンの顧客獲得型名刺（おもて面・裏面）

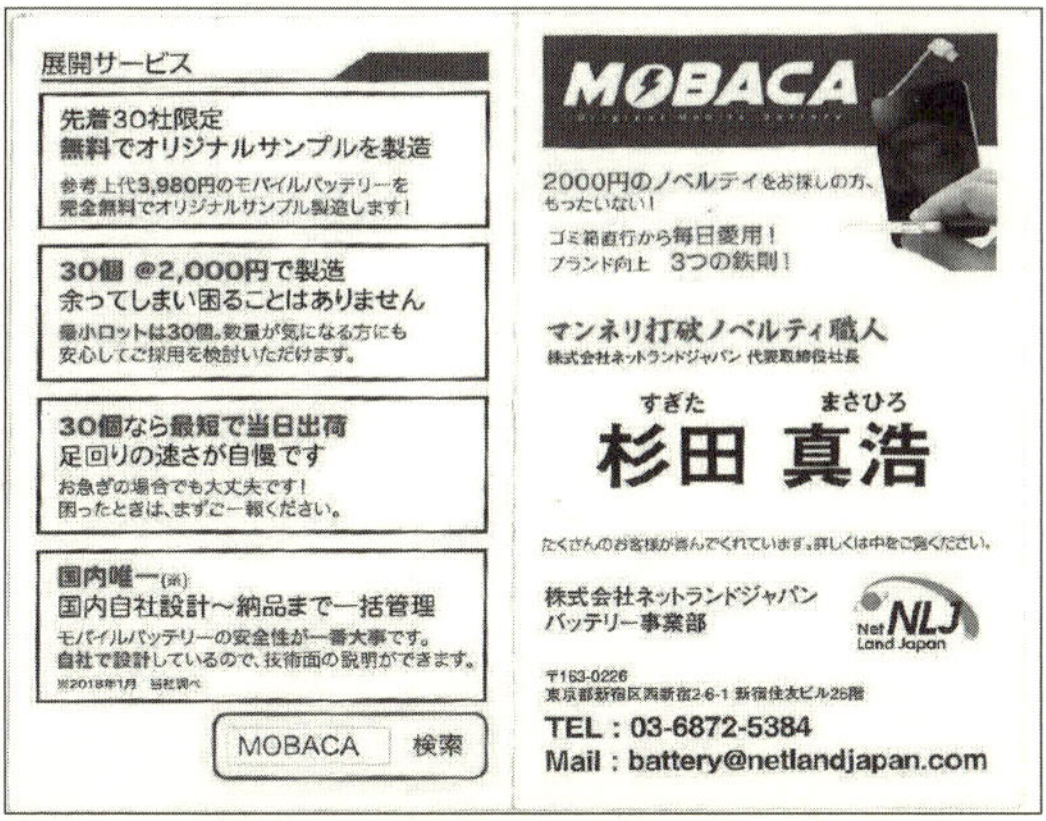

展開サービス

先着30社限定
無料でオリジナルサンプルを製造
参考上代3,980円のモバイルバッテリーを
完全無料でオリジナルサンプル製造します！

30個 @2,000円で製造
余ってしまい困ることはありません
最小ロットは30個。数量が気になる方にも
安心してご採用を検討いただけます。

30個なら最短で当日出荷
足回りの速さが自慢です
お急ぎの場合でも大丈夫です！
困ったときは、まずご一報ください。

国内唯一（※）
国内自社設計～納品まで一括管理
モバイルバッテリーの安全性が一番大事です。
自社で設計しているので、技術面の説明ができます。
※2018年1月　当社調べ

MOBACA　検索

MOBACA

2000円のノベルティをお探しの方、
もったいない！
ゴミ箱直行から毎日愛用！
ブランド向上　3つの鉄則！

マンネリ打破ノベルティ職人
株式会社ネットランドジャパン 代表取締役社長
杉田《すぎた》 真浩《まさひろ》

たくさんのお客様が喜んでくれています。詳しくは中をご覧ください。

株式会社ネットランドジャパン
バッテリー事業部

Net NLJ Land Japan

〒163-0226
東京都新宿区西新宿2-6-1 新宿住友ビル26階
TEL：03-6872-5384
Mail：battery@netlandjapan.com

ノベルティ製作（株）ネットランドジャパンの顧客獲得型名刺（中面）

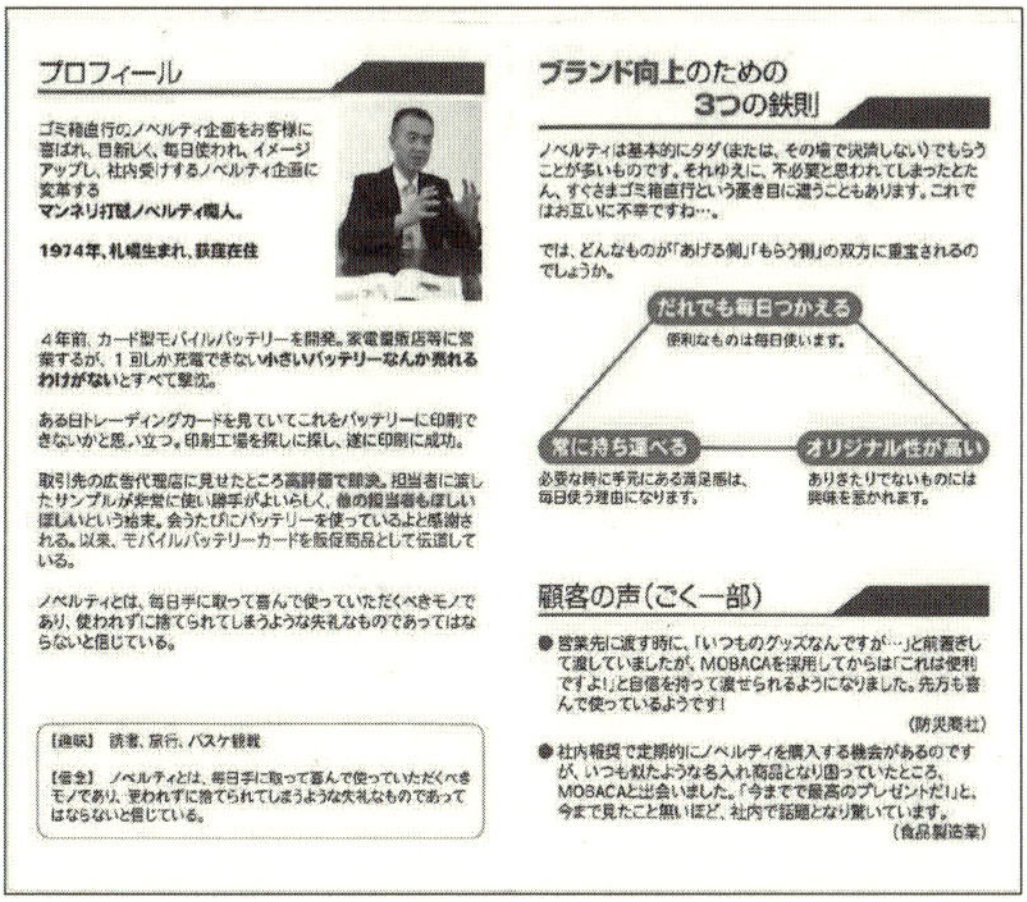

プロフィール

ゴミ箱直行のノベルティ企画をお客様に喜ばれ、目新しく、毎日使われ、イメージアップし、社内受けするノベルティ企画に変革する
マンネリ打破ノベルティ職人。

1974年、札幌生まれ、荻窪在住

４年前、カード型モバイルバッテリーを開発。家電量販店等に営業するが、１回しか充電できない**小さいバッテリーなんか売れるわけがない**とすべて撃沈。

ある日トレーディングカードを見ていてこれをバッテリーに印刷できないかと思い立つ。印刷工場を探しに探し、遂に印刷に成功。

取引先の広告代理店に見せたところ高評価で即決。担当者に渡したサンプルが非常に使い勝手がよいらしく、他の担当者もほしいほしいという始末。会うたびにバッテリーを使っているよと感謝される。以来、モバイルバッテリーカードを販促商品として伝道している。

ノベルティとは、毎日手に取って喜んで使っていただくべきモノであり、使われずに捨てられてしまうような失礼なものであってはならないと信じている。

【趣味】　読書、旅行、バスケ観戦

【信念】　ノベルティとは、毎日手に取って喜んで使っていただくべきモノであり、使われずに捨てられてしまうような失礼なものであってはならないと信じている。

ブランド向上のための
3つの鉄則

ノベルティは基本的にタダ（または、その場で決済しない）でもらうことが多いものです。それゆえに、不必要と思われてしまったとたん、すぐさまゴミ箱直行という憂き目に遭うこともあります。これではお互いに不幸ですね…。

では、どんなものが「あげる側」「もらう側」の双方に重宝されるのでしょうか。

だれでも毎日つかえる
便利なものは毎日使います。

常に持ち運べる
必要な時に手元にある満足感は、毎日使う理由になります。

オリジナル性が高い
ありきたりでないものには興味を惹かれます。

顧客の声（ごく一部）

● 営業先に渡す時に、「いつものグッズなんですが…」と前置きして渡していましたが、MOBACAを採用してからは「これは便利ですよ！」と自信を持って渡せられるようになりました。先方も喜んで使っているようです！
（防災商社）

● 社内報奨で定期的にノベルティを購入する機会があるのですが、いつも似たような名入れ商品となり困っていたところ、MOBACAと出会いました。「今までで最高のプレゼントだ！」と、今まで見たこと無いほど、社内で話題となり驚いています。
（食品製造業）

日建リース工業（株）法人事業部、（株）ネットランドジャパンの成功要因

1. 普段の名刺とは別に、展示会専用名刺を用意した。
2. 展示会専用名刺は、ブースデザインやキャッチコピーと連動させて自社を強烈に印象づけた。
3. 展示会専用名刺には、興味喚起⇒情報提供⇒行動要請がすべて盛り込まれていて、名刺だけで来場者へのトークを完結できるようにした。

5 正直者は得をする？展示会で欠点を伝えた方が売れる謎

わたしが行う『展示会営業®コンサルティング』では、ブースで、来場者にどのように対話するかを模擬商談としてロールプレイングしてもらいます。その時に、わたしにはとても気になることがあるんです。それは、展示会場のブースで来場者に対話するとき、多くの人が、

「自社商材の欠点や使い勝手が悪いところを　隠そうとする」ことなのです。

自社商材の欠点を伝えるとなんとなく来場者が離れていってしまうように感じるのでしょうね。だから、隠してしまう。

でも・・・これでは、展示会で成果を出すことはできません。断言します。展示会で、自社商材の欠点をナイショにして、いいところだけを伝えることで来場者を引き付けようとしても上手くいきません。

では、どうすればよいのでしょうか？

第1章 第2章 第3章 第4章 第5章 第6章

どうすればよいかというと・・・もし、自社商材にライバル会社よりも劣る部分があれば、そのことを正直に言えばよいのです。

「お客さん、うちの商品はライバル会社のものよりこの機能は劣ります。ですが、お客さんのご利用方法ですと、この部分はほとんど使用しないかなと思います。一方、お客さんの利用頻度が高いこの機能はライバル会社よりも圧倒的に当社がよいです」

このように、欠点を伝えた上で、自社商材の価値を伝える方が、来場者の心に響き、信頼を得やすくやすくなります。逆に、欠点を隠したままで、よいことばかりまくしたてると、来場者には疑う気持ちが出てきます。

「本当なのか？　売りたいから言ってるだけなんじゃないのか？」と感じるのです。

ですので展示会では、よいことも悪いことも正直に伝える方が来場者さんの信頼を勝ち取ることができるケースが圧倒的に多いのです。

展示会のブースで、**「うちの商材はとってもよいです。どんな人にも、必ずサイコーの結果をもたらします！」と謳うのは愚かなこと**なのです。

6 《ナマ事例》ネガティブ情報を開示して大きな成果を上げたプリペイドカード開発販売：（株）くらしのリーザ、（有）ミヤタデザインスタジオ

わたしは、以前、愛知県にある株式会社くらしのリーザさんと有限会社ミヤタデザインスタジオさんの合同出展のサポートをさせていただきました。出展商材は、プリペイドカードです。このプリペイドカードには、大手のもののようにブランド力があるわけではありません。当時の仕様では通信機能もなく、ＰＯＳレジとの連動もできませんでした。この場合、ライバルよりも劣る点を隠して、よい点だけを伝えようとすると、

「会計の時にお金を扱わなくてよいので手間が省けます。前払い制なので、キャッシュフローがよくなります。お客さんの来店頻度が高まります。」

というような**他社のプリペイドカードでも言えるようなメリットしか伝えることが**

できません。

そこで、わたしの展示会営業®コンサルティング研修で、プロジェクトメンバーのみなさんとさまざまな観点から議論した末、悪い点も包み隠さず伝えることにしたのです。

悪い点を伝えるにあたって、"世の中には、ＰＯＳレジを導入しているお店ばかりではない"という点に着目しました。

そして、

「ＰＯＳレジのあるお店の方は　このブースには来ないでください。この商材は、ＰＯＳレジに対応していません。でも、今、ＰＯＳレジを導入していないけれども、お客さんにもっと喜んでほしいと思っているお店の方には、このブースがお役に立てると思いますよ。来店頻度が高まり、キャッシュフローが良化し、ＰＯＳレジ不要で導入できるプリペイドカードです。」

とアピールしたのです。

**プリペイドカード開発販売
（株）暮らしのリーザ、（有）ミヤタデザインスタジオのブース**

その際のブースは、次のようになりました。

ブースキャッチコピーに「POSレジ不要」というキーワードをいれておき、前述のネガティブ情報を開示するトークのきっかけにしたのです。

くらしのリーザさん、ミヤタデザインスタジオさんは、この合同出展から、数多くの受注を獲得しました。**自社商材の欠点を隠さず伝えることで、大きな成果を手にしたのです。**

7 それでも疑われるときは「顧客の声チラシ」に語らせる

さて、いいところだけでなく、悪いところも正直に伝えることで信頼してもらいましょう、とお伝えしました。これについて、あなたはどのように感じましたか？

「確かにその通りだ！」と思った方がいる一方で、おそらく、

「悪いところも伝えた上で、いいところを伝えても、結局は、来場者から『ホントにそんなにいいの？』と疑われてしまいそうだ。」

と思われた方も多いのではないでしょうか？

本当に良かれと思って、相手のために、商材を説明しているのに、疑われてしまう・・・
「ホントにそうなの？　売りたいから言ってるだけなんじゃないの」と思われてしまう・・・これ、悲しいですね。だから、ムキになって、商材のいい点を伝えようとする。すると、さらに怪しまれてしまう。う～ん。まさに負のスパイラルです。
一体、どうすればよいのでしょうか？

この問題を解決する方法があります。それは、**「顧客の声チラシ」をつくること**です。顧客の声チラシとは、文字通り、**出展商材をすでに使ってくれているお客さんにインタビューをした内容をそのままチラシにしたもの**です。自分で言えば言うほどあやしまれるのなら、「お客さんに語ってもらおう」、それも、「お客さんがこう言っていた」と自分で語るとまた疑われてしまうかもしれないから、チラシ化してしまおう、という発想です。

8 《ナマ事例》展示会で大きな成果を上げた2社が活用した「顧客の声チラシ」

たとえば、顧客の声チラシとは、次のページのようなものです。

日建リースさんや和田萬さんは、顧客の声チラシを上手く活用することで、来場者の「ホントにそうなの？」という疑いを晴らし大きな成果を上げることができたのです。

ビニールハウスレンタル
日建リース(株)事業開発部の顧客の声チラシ

農業生産者：星様(日高)

48ストロングハウス 導入事例

安定した収量のために、施設園芸にチャレンジ

急遽、メーカーを辞め、親からの農地を守るため専業農家をしなければならなくなりました。今までも自家用の家庭菜園レベルではトマトやきゅうり、葱など少量ずつ季節に合わせて栽培していましたが、本格的に農業を行い、生計を立てなければならなくなりました。露地では今までの収入を確保することは難しいこともあり、生産量の増加と年間を通じて安定的な品質を狙い、ビニールハウスによる施設栽培を導入しよう決めました。

雪などのリスクなどにも強いハウスで安心

引き継いだ農地にはビニールハウス2棟ありましたが、3年前の大雪で倒壊し、すべて新規に建てなければなりません。雪に強いハウスでなければすべて無駄になりかねず、高耐候性ハウスを検討していましたが非常に高額で悩みました。かといって露地ではビニールハウス栽培に比べ売上と利益共に1/3になってしまい、限られた敷地では生活を維持できないこともあり、約半年、補助金を得られないか相談したり、ハウスメーカーに値引き交渉や中古商品を探すなどして農業で食べていける方法を模索しました。
そんなときに日建リース工業が建設足場で使われる太くて強いパイプを活用したビニールハウスを開発したとの話を聞き、すぐに見積をお願いしました。このハウスは従来のビニールハウスの鋼管径の倍以上もあり、非常に強い構造であることがわかりました。

レンタルなので、いつでもやめられるのもポイント

COST

レンタル方式は、生産した農作物の売上で支払を行えるので、資金の少ない私にとって初期投資が抑えられることが一番のメリットでした。しかも万が一作付け品種の変更があっても、対応することもできます。構造はパイプを接続して設置するビニールハウスなので室内高さを変更することもでき、色々試してみたい私にとっては最適なビニールハウスでした。この先農業がうまくいかなくても、返却すれば契約が終了するのは安心で、ハウスを設置していれば中間管理機構を利用した賃貸借契約も入りやすくなることもプラス材料でした。今年で2年目になりますが順調に栽培できており、予定通りの収量を確保できる見込みです。また慣れてきたので更にハウスの増設を検討しているところです。振り返ってみると、会社を退職し農業をやろうと決めてから悩んだあの半年があったからこそ、今の自分らしい農業ができていると思います。

お問合わせ：日建リース工業株式会社　03-3295-9111

ごまの製造・加工・販売（株）和田萬の顧客の声チラシ

味も香りも濃く、濃度もしっかり出る。しかも焙煎がそのレベルで安定していました。

いりごまがすごいふっくら、パンパンに膨らんでいました。味も香りも濃いですし、濃度もしっかり出ます。自分でも焙煎していましたが、餅は餅屋でプロにお願いしたらやっぱりちがうなと感じました。そして焙煎がすごい安定もしているしふっくら仕上がっているので商品の品質がいい。
初めは何社か合わせて複合してとっていたのですが、他社は質が良くてもちいさい量の仕入れしかできなかったんです。和田萬は仕入れロット数も確保できますし品質も和田萬が良かった。

そしてごまについての質問や相談も容易にできるから、商品提案やアドバイスをいただける。専門知識もっている方の意見を聞けることでちょっとずつお店もよくています。

ちー坊のタンタン麺　様
大阪の阿波座で担担麺を提供する人気店。

食べログで3.5点を超える人気タンタン麺屋店長。自らごまをペーストにしたり煎ってみるなど、ごまにかなりのこだわりを持つ。

胡麻
和田萬
創業1883年

9
来場者の疑いを晴らす「顧客の声チラシ」はこうつくる!

では、どのようにして顧客の声チラシをつくればよいのでしょうか? 実は、顧客の声チラシの作成はとても簡単です。

お客さんに、次のようにインタビューすればよいのです。

【「買う前」に関する質問】
(1) いつ、どんなきっかけで「この商品分野」に興味を持ちましたか?
(2) 「この商品」をいつ、どこで知りましたか?
(3) その時の第一印象は?

【「買う時」に関する質問】
(4) 「この商品」を買う時、他の商品と比べましたか?
(5) 比べたとしたら、どの商品と比べましたか?
(6) なぜ最終的に「この商品」を選んだのですか? 理由を3つ教えてください。

「顧客の声チラシ」作成インタビュー　9つの質問

買う前	(1) いつ、どんなきっかけで「この商品分野」に興味を持ちましたか？
	(2)「この商品」をいつ、どこで知りましたか？
	(3) その時の第一印象は？
買う時	(4)「この商品」を買う時、他の商品と比べましたか？
	(5) 比べたとしたら、どの商品と比べましたか？
	(6) なぜ最終的に「この商品」を選んだのですか？理由を3つ教えてください。
買った後	(7) 今、「この商品」をどのように活用していますか？
	(8)「この商品」のよいところを3つ、悪いところを3つ、教えてください。
	(9) 当社への今後の期待、要望を教えてください。

【「買った後」に関する質問】

（7）今、「この商品」をどのように活用していますか？

（8）「この商品」のよいところを3つ、悪いところを3つ、教えてください。

（9）当社への今後の期待、要望を教えてください。

この時、**過去、現在、未来の時系列で聞くこと**がポイントです。時系列なら聞かれた方も思い出しやすく、答えやすいからです。

インタビューが完了したら、次にそれを文字に起こして、チラシ化しましょう。基本的には、お客さんが話したそのままを文章にすればよいので、むずかしくないはずです。この時に、質問を太文字の見出しにすると、わかりやすく見やすいチラシになります。

そして、**お客さんが答えてくれた内容の中から、たとえば、「ずっと求めていた〇〇を実現することができる唯一のものでした」のような、もっとも出展コンセプトに合致し、ナマナマしくイキイキしているフレーズを、お客さんの写真とともにチラシの上段に持ってきます。**

あなたもぜひ、来場者の疑いを晴らす顧客の声チラシを活用してみてほしいと思います。

10 禁止！ ブースではビシっと立ってはダメ！

本章では、どのようなツールやトークを使って、あなたのブースを来場者の記憶に残すかについて考えてきました。

展示会専用顧客獲得型名刺で印象に残し、ネガティブ情報開示トークや顧客の声チラシによって信頼感を高めていくことはとても重要です。

しかし、それ以前に、来場者があなたのブースに入ってきて対話できる状態になっていなければすべては始まりません。そして、実はこれが意外とむずかしいのです。ブースキャッチコピーに関心を持って、体験・アトラクションに興味を示したとしても、来場者はなかなか、ブースに入ってきてくれません。【展示会における真実その①】「来場者、ブースに立ち寄り、たくはない」です。

うかつに、ブースに入ると強く売り込まれるのではないか、と警戒しているのです。でも、ブースに入ってきてもらわなければ、名刺も顧客の声チラシも渡せませんね。では、警戒心いっぱいの来場者をあなたのブースに入らせるには、どのようにすればよいのでしょうか？

それには、あることに気をつけることが必要です。そのあることとは何でしょうか？

それは、ブースで対応するスタッフの立ち位置についてです。

次ページの図をみてください。マジメで一生懸命な会社ほど、こうなります。ビシっと直立不動で〝気をつけ！〟の姿勢で、ブース前に立つのです。

「よし！　せっかくの展示会だ！　気合を入れてしっかり対応しよう！」

こんな風に、よかれと思ってこういう風にしておられるのでしょうね。しかし、これでは成果は出ません。なぜでしょうか？　来場者の立場になってみるとすぐわか

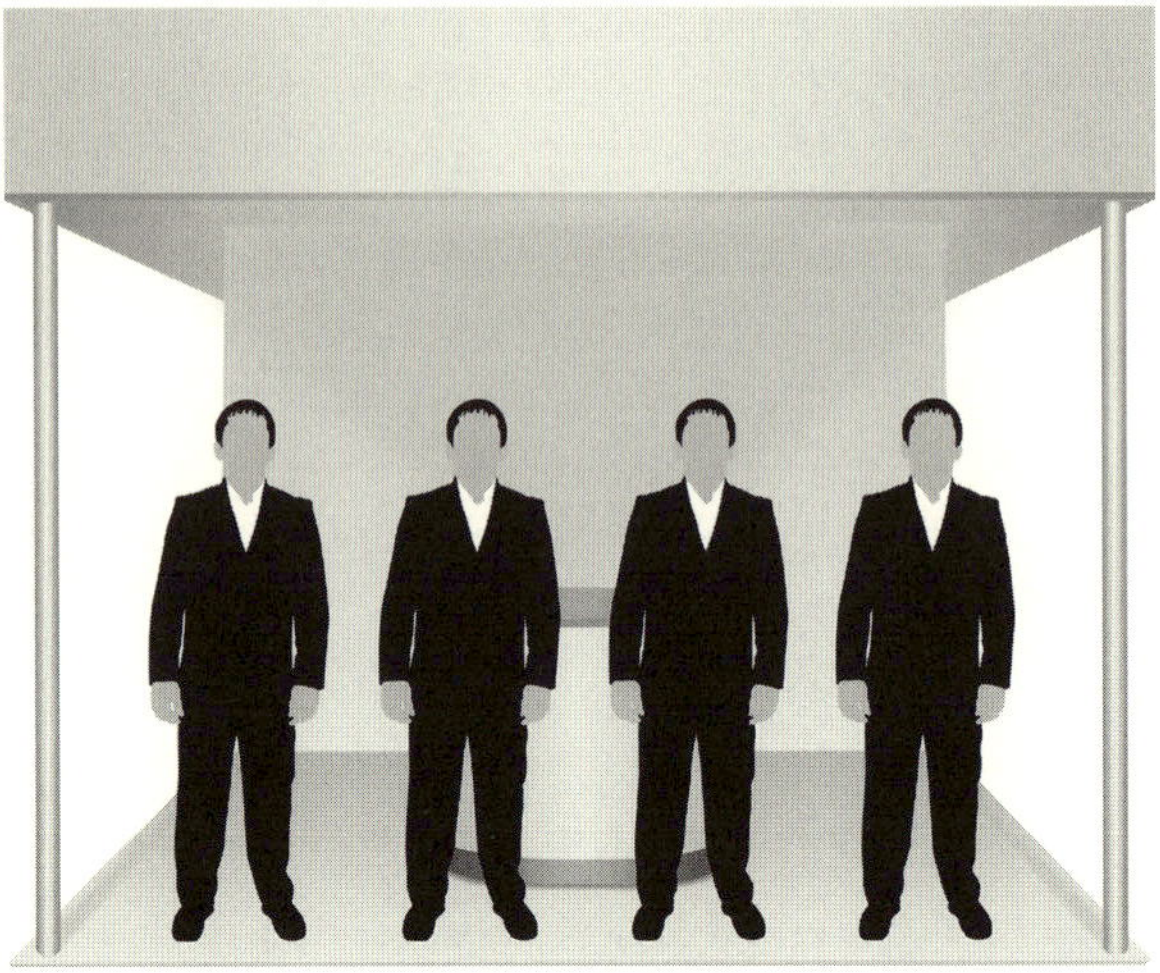

りますね。これでは、ブースの中が見えませんし、そもそもイケメン男性ならまだしも、中年のおじさんが何人も直立不動で立てはだかっていると怖くてブースに近づくことができません。

それに、この体制だと、来場者と真正面から向かい合うことになってしまいます。人と人は、真正面で向かい合うと対立しがちになってしまいます。

では、どうすればよいのでしょうか？

この図のようにスタッフを配置しましょう。

ポイントは以下の3点です。

（1）ブースの前は空けておき、ブースの中が見えるようにする

成果が出るスタッフの配置

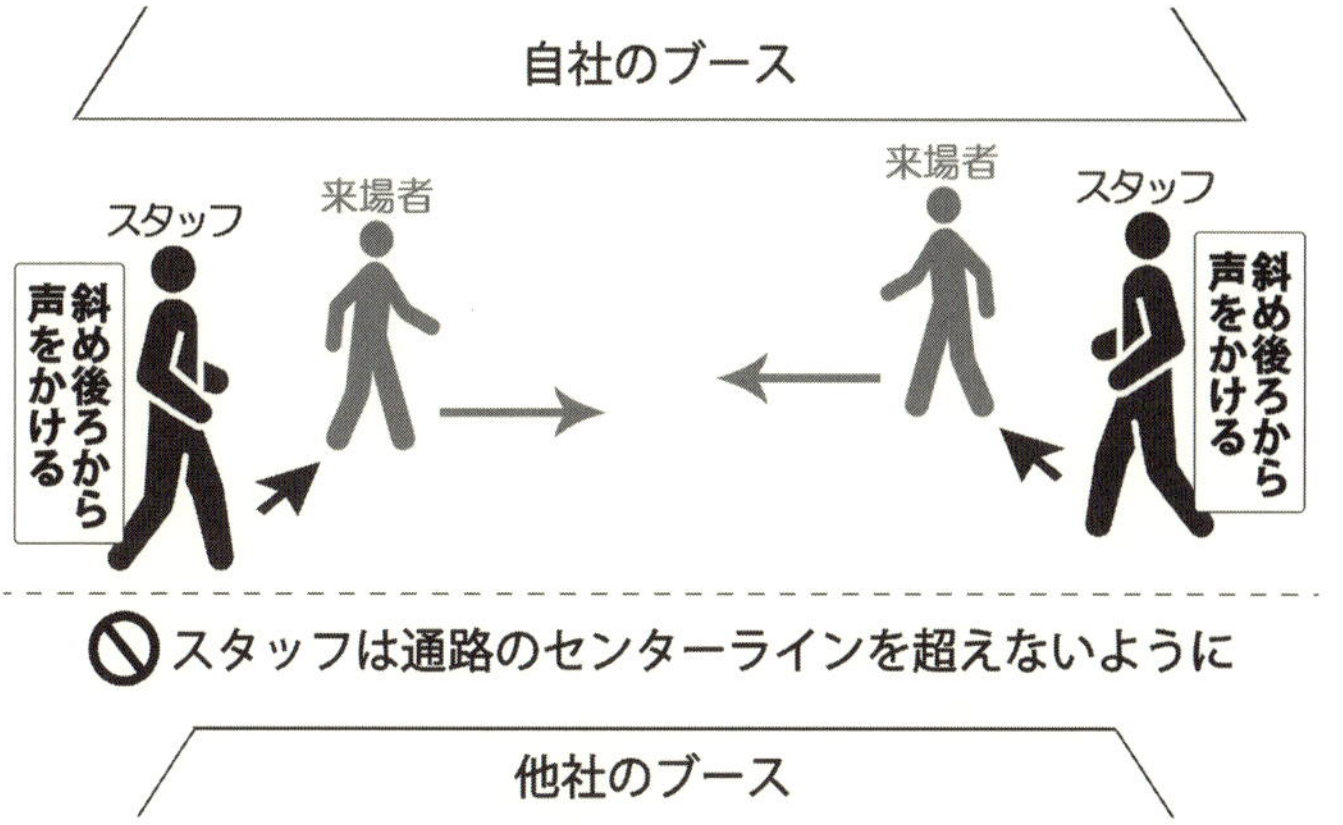

（2）来場者の斜め後ろから声をかけられる位置に立つ

（3）ブースの前を通りすぎようとする来場者に対して斜め後ろから、そっと「何か気になりましたか？」と声をかける。

こうすると、スタッフと来場者はブースという同じ方向をみながら会話することができます。すると会話も前向きなものになりやすいのです。このことは心理学でも説明できます。心理学に**スティンガー効果**という言葉があります。スティンガー効果とは、簡単に言うと

「人間は真正面にいる人には攻撃や競争心を刺激しやすいが、隣や横にいる人には心

を許しがちになる」

という現象のことです。あなたも、ぜひ、ブースから離れた場所に立って、来場者の斜め後ろから声をかけてほしいと思います。

ただし、立ち位置が、**通路のセンターラインを超えないように注意**してください。センターラインより向こう側は、対面のブースのスペースです。

もしも、センターラインを超えた場所に立っていて対面のブースから主催者にクレームを入れられてしまうと、展示会期間中の活動を制限されてしまう危険性があります。そうなると、大きな成果を出すことができなくなってしまいます。そうならないように、センターラインを超えないように注意してくださいね。

興味があるにも関わらず、ブースに入ってこない来場者は想像以上に多いものです。あなたも、斜め後ろから声をかける作戦で、出会いたい人とのコンタクトを増やしてほしいと思います。

第4章をまとめてわたしがご説明する動画をご用意しています。
こちらもぜひご覧ください。
URL：https://1.tenzikai.jp/nbdouga

第5章

成果を決定づける！展示会後のフォロー体制はこう整える

1 名刺交換した後で次にどうするかを考える愚の骨頂

第三章、第四章と当日のフェーズとして、展示会場での運営オペレーションの構築についてお伝えしました。展示会当日、どのように運営するかは非常に重要です。ですが、本当に大事なのは、展示会が終わった後です。第一章でお伝えした【展示会における真実その②】を思い出してください。そうです。『**展示会、その場で売れる、ことはない**』です。

この章では、なぜわたしが口酸っぱく「事前準備が大切」と繰り返していたかをおわかりいただけると思います。

すでにお伝えした通り、すべての展示会出展企業の最終目的は売上アップであるべきです。とすると一連の営業プロセスの中で、売上がつくられるタイミングこそが最重要ということになります。

『**展示会、その場で売れる、ことはない**』とすると、いつどのタイミングで売上がつくられるのでしょうか？　その答えは・・・『**展示会終了後**』です。

もうお分かりですね。**「展示会が終了したその日から、どのようにフォロー体制を整備するか？」**ということこそが、実は、売上アップのためにもっとも重要なのです。

では、どのようにフォローすればよいのでしょうか？

ここで質問です。あなたは、展示会で集めた見込み客の名刺に対して、どのようにフォローをしていますか？

「そんなの決まってるじゃないか。とにかくアポ、アポ、アポだ。展示会で獲得した名刺に対して翌朝から怒涛のアポ電話攻勢で会いに行くんだよ。とにかく会わなければ話にならないからな！」

こんな風に思ったあなたは、考え方をリセットです。残念ながらそのやり方だと展示会では、いや、展示会に限らず今のセキュリティ強化社会、ＷＥＢ時代では大きな成果を出すことはできません。

一方、こう思った人もいるかもしれませんね。

「展示会で集めた名刺なんて、玉石混交だ。見込が高い先もあれば、そうでないところもある。そのすべてに対して一件一件アポ取りをしていたら、時間がいくらあっても足りないぞ。そもそも見込が低い先からアポが取れても、徒労に終わって時間の無駄になる。だから、待つんだ。アポを取らずに放置して、それでも先方から問い合わせがある先にだけ行けばいいいんだ。」

こう思ったあなたも、考え方をリセットです。これでは、「何もしなくても売れる客だけを相手にしたい」と言っているも同然です。

このスタンスも、前述のとおり展示会だけでなく他の営業であっても、今後は今以上の売上を上げることはできないでしょう。

第2章のコラムでお伝えした通り、私も飛び込みドブ板営業から始めたので、気合や根性の営業観やその大切さは痛いほどよくわかります。でも、今の時代、アポ攻勢もダメですし放置もダメなのです。むずかしい時代になりましたが、そう嘆いてばかりもいられないのが現実です。

では、展示会で集めた名刺に対して、一体どうすればよいのでしょうか？　実は、ここが、展示会で成果を上げるためのキーポイントです。

その答えは・・・「アポ攻勢も放置もしなくてよくなるように、あらかじめ仕掛けをつくっておく」ことです。

「えっ？　そんな仕掛けがつくれるなら、もちろんそうするさ。そんなことできるわけないから困っているんですよ！」

あなたのそんな心の声が聞こえてきそうです。でも、安心してください。『展示会営業®術』では嫌がられながら必死になってアポをとるようなことをせずにすみ、放置もしない、そんな常識外の仕掛けをつくることができるのです。

2

《ナマ事例》名古屋市の清掃会社（株）オーアンドケーの展示会後フォローの仕掛け

その仕掛けとは、一体どのようなものなのでしょうか？

具体例でお伝えしていきます。本書にも何度か登場した名古屋の清掃会社・株式会社オーアンドケーの事例です。まずはオーアンドケーさんの出展コンセプトのおさら

いをしましょう。オーアンドケーさんの出展コンセプトは、

- ・だれに：介護施設の経営者に
- ・何を：ノロウィルスやインフルエンザを発生させないということを、
- ・どのように：30年におよぶ様々な清掃ノウハウの蓄積、検査キットで汚染物質を高感度に測定、浮遊菌を押さえる加湿器を活用し、自社オフィスではたったひとりもインフルエンザになっていないという実績に基づき提供する

というものでしたね。そして、この出展コンセプトを体現したブースは次のページのようになったのでしたね。

練りに練った出展コンセプトとそれを体現したブースです。このブースには、狙い通りたくさんの来場者が訪れ、人垣ができました。しかし、気を抜いてはいけません。肝心なのはここからです。

もしも、オーアンドケーさんが、ブースで名刺交換した見込み客に、何の工夫もせ

フォローのための特典企画をブースにも掲載する

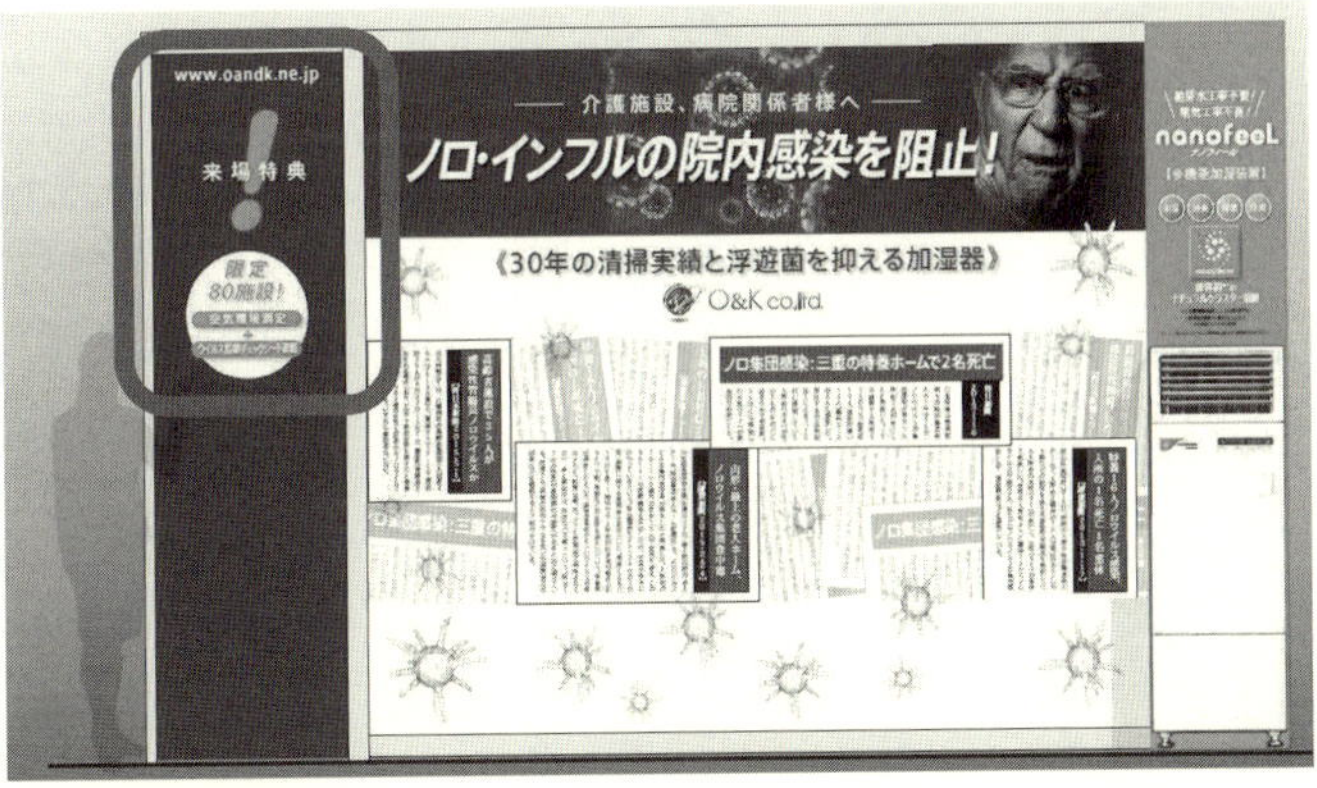

ず、個別にアポを取ろうとしたらどうなるでしょうか？　展示会はある意味お祭り的な側面があります。来場者も浮ついているのです。

　ですからその場では、**「あ〜、うちもノロウィルス、怖いんだよね〜。一回、提案に来てほしいなぁ。これ、ぼくの名刺ね。渡しておくね。また電話ちょうだいね」**と言うかもしれません。

　しかし後日、アポを取るために電話したら、どうなるでしょうか？　居留守をつかわれたり、ガチャ切りされたり、やっとつながったと思ったら、「う〜ん・・・今、ちょっと忙しくなっちゃってさ・・・。**また、必要な時にこっちから電話するわ**」となるのが関の山です。

後日アポが取れなければ、決して受注にはいたりません。こうなってしまっては、せっかく工夫してつくった展示会場での人垣や苦労して集めた見込み客の名刺が無駄になってしまいます。これでは、悲しすぎますね。

では、どうやって受注につなげたのでしょうか？

実は、オーアンドケーさんは、事前に「ある仕掛け」を用意しておいたのです。その仕掛けとは、**「来場者にとって価値のある無料特典を用意しておく」**というものです。

具体的には、**「通常7万5千円の"空気環境測定&ウィルスチェック診断"を展示会の期間中に限り、80施設限定で無料対応する」**という特典を用意し、ブースで来場者にアピールしたのです。

この無料特典を活用してブース対応すると、そのやりとりは、こうなります。

・来場者「あ〜、うちもノロウィルス、怖いんだよね〜。一回、提案に来てほしいなぁ」

・スタッフ「あっ！　それなら、ちょうどよかったです。**今、この展示会の期間中に限り、通常7万5千円の『空気環境測定&ウィルスチェック診断』を無料で対応**させてもらっているんです。80施設限定なのですが、まだ、少しだけ枠が残っていたと思います。実際かなりお得で価値があるので、**ほぼすべての来場者さんが、『じゃぁ、うちにもその診断やってくれ』とおっしゃる**のですが、お客様はどうされますか?」

・来場者「えっ！　そうなの！　じゃぁ、うちもぜひ頼むよ」

・スタッフ「わかりました。では、**『空気環境測定&ウィルスチェック診断』にエントリーしておきますね。**後日、弊社の担当者から、日程調整の連絡が入りますので、それまでお待ちください」

どうでしょうか?　**このように、来場者にとって魅力的な特典を用意し、その特典にエントリーしてもらうという仕掛けをつくっておけば、後日のアポがとても容易になります。**

もし、何かのまちがいで、出展社側がアポを取り忘れてしまったとしても、来場者側から「あの無料特典のやつ、あれ、いつ来てくれるんですか?」と逆に、訪問依頼が来ることもあるほどです。

実際に、オーアンドケーさんは、この無料特典によって、**特典にエントリーした来場者のところに100%訪問**することができました。

第1章
第2章
第3章
第4章
第5章
第6章

フォローのための特典企画をツール類にも掲載する

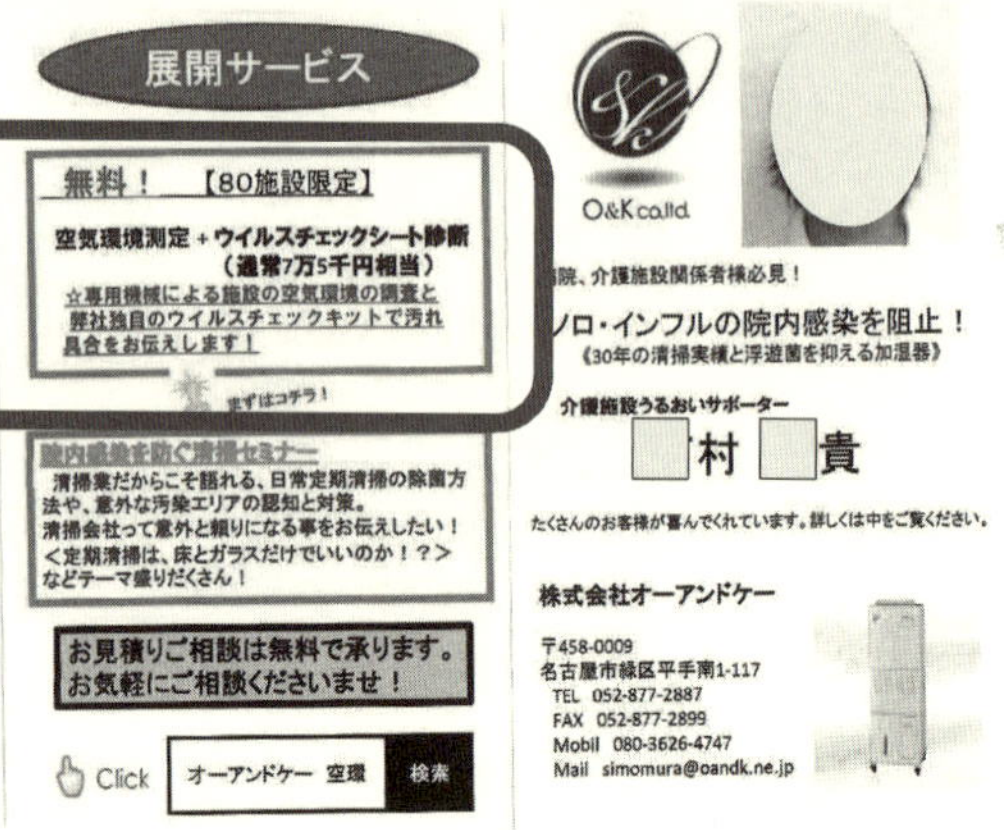

この無料特典という仕掛けには、さらによいことがあります。それは、**特典による訪問・診断がそのまま、自社が売りたい商品の提案の場、つまり、営業活動上の初回訪問になる**、という点です。

オーアンドケーさんの場合もまさにそうです。トイレや集会所、廊下などさまざまな場所で『空気環境測定&ウィルスチェック診断』を行い、その結果を報告すると、自然と相手から「どうすれば、この結果を改善できるのですか？」と質問されることになります。

ここで、

「そうですねぇ。施設のスタッフさんたちが、本なども読んで知識をつけながら、時間をかけて徐々に清掃のレベルを上げて、時間をかけて解決することもできると思いますし、それか、弊社が、清掃の専門家として、お手伝いさせてもらうこともできますよ。どちらにしましょうか？」

と言うのです。

オーアンドケーさんが、この仕掛けによって、大きな成果を上げたことは言うまでもありません。

ブースでの来場者対応のゴールをすべてこの特典企画への誘導にする、という発想を持ってください。そのために、**ブース装飾やブースで使うチラシなどのツール類にも、この特典企画を明記しておきましょう。**

たとえば、前ページのようにオーアンドケーさんでは、ブースや名刺にこの無料特典をしっかり記載しておきました。

オーアンドケーさんが、もし、この〝空気環境測定&ウィルスチェック診断〟という特典企画を用意しなければ、大きな成果を出すことができたでしょうか？　おそらくできなかったはずです。

特典企画は、実は、展示会での成果を決定づけるほど重要な要素なのです。あなた

(株)オーアンドケーの成功要因

1. 来場者から、「ぜひ、来てください」と言われるような、自社の商品やノウハウの良さが伝わる魅力的な特典を用意した上で展示会に臨んだ。
2. 来場者対応のトークの出口をすべて特典への誘導とし、ブースデザインやツールにもその旨を明記した。
3. 特典を実行することが、そのまま、営業上の初回訪問になるようにすることで営業工数が増やさず、受注に直結する流れをつくった。

も、**展示会後のフォローの仕掛けとしての特典企画をあらかじめ用意しておくという発想**を持ってほしいと思います。

3 公開！　成果が上がるお礼メールの書き方はこれだ！

わたしは、仕事柄たくさんの展示会に出向きます。もちろん、気になったブースには立ち寄りますし、時には名刺交換もします。すると・・・数日後、お礼メールが送られてきます。あなたのところにも展示会後のお礼メールが届くことがあると思います。

このお礼メールの文面について、あなたはどう思いますか？　わたしは、正直言うと、かなりイマイチだなぁと感じるんです。

タイトル：○○エキスポのご来場ありがとうございました。

社名
氏名　様

お世話になります。
先日は、大変お忙しい中「〇〇エキスポ」にて
弊社のブースにお立ち寄り頂き、誠にありがとうございました。

わたしは当展示ブースを担当させていただきました
株式会社●●の□□と申します。
当日はご説明が至らなかった点もあったかと思いますが、ご容赦頂けますと幸いです。

なお、展示商品に関してご不明な点がございましたら
お問い合わせください。
各製品に関するご質問や、資料請求のご要望がございましたら、
どうぞ、このメールにご返信いただければ幸いです。
引き続き、よろしくお願い致します。

株式会社●●　営業部　□□

これは、わたしのところに実際に送られてきたお礼メール、ほぼそのままです。あなたは、この文面をお読みになってどう感じますか？　かなりイマイチだと思いませんか？

この文章では何も言っていないのと同じです。わたしには、「流し読みしてください」言っているとしか思えないのです。

「当日はご説明が至らなかった点もあったかと思いますが、ご容赦頂けますと幸いです」の部分には特にセンスのなさを感じます。なぜこの一文を入れているのか・・・。これでは、もったいないです。本書で、何度もお伝えしている通り、展示会の会期中に、その場で、出展商材を買ってもらえることはほとんどありません。展示会は、終わってからが本番なのです。そして、お礼メールは、その本番の幕開けです。イマイチな内容のままにしておいてよいはずがありませんね。

では、お礼メールの文面はどのようにすればよいのでしょうか？　**お礼メールの文面を考えるときは、お礼メールのことだけを考えていてはいけません。フォローしやすくなる工夫を盛り込んでおくことが重要**なのです。

フォローしやすくなる工夫には、次の3つがあります。

■工夫その1：ブースの様子を思い出してもらう

展示会場にはたくさんのブースがあります。お礼メールの受け手は、どの商材がどのブースに展示されていたかを覚えているはずがありません。だから、お礼メールの中に必ず、「ブースキャッチコピー」と「ブースの写真」を盛り込むようにしましょう。

■工夫その2：来場者限定の特典企画を再度案内する

前述のとおり、展示会の成果は、展示会で名刺交換した相手にどのくらい多くアポがとれるか、によって決まると言っても過言ではありません。ですから、

「展示会来場者にのみ、先着●名限定！　通常◆◆円の＊＊＊＊が無料！」

というような特典企画をつくり、アピールすることが重要だというのは、先ほどお伝えしたとおりです。そして、お礼メールでは、この特典企画について再度強調する

のです。

■工夫その3：展示会後のフォローイベントに誘導する

特典企画に申し込まなかった来場者は、見込み客ではないのでしょうか？　決してそんなことはありません。単に、まだ買うタイミングでなかっただけで、時を経て有力な見込み客になる可能性があります。**そういう来場者が、気軽に参加できるセミナーなどのイベントの開催をあらかじめ設定しておき、お礼メールでその開催情報の詳細を伝える**のです。

この3つの工夫を考慮したお礼メールの雛型がこちらです。

タイトル：【無料特典】展示会限定特典の正式お手続きについて

社名

氏名　様

先日は、《展示会場名》の展示会にて誠にありがとうございました。
株式会社●●の●●と申します。

先日の《展示会名》では、
《「ブースキャッチコピー」》
と題して、《商品・サービス名》をご覧いただきました。

※展示ブースの様子はこちらをご覧ください。
https://＊＊＊＊《↑当日のブース写真へのリンク》

その際、《商品・サービス名》にご興味をお持ちいただき
ありがとうございます。
さて、ブースにて通常●万円の《「限定特典の名称」》に
展示会場のみ●●名限定無料特典にて

お申込みいただきましたのでご案内させていただきます。

詳細を以下からご確認いただき、日時をご指定の上、お申込みください。
※お手続きは、●月●日（●）21時までにお願いいたします。
それ以降ですと、無料の権利がなくなってしまい、
通常の費用が必要となってしまいますのでご注意ください。

また、弊社では、以下のセミナーを実施しております。
お役に立つ情報をご提供できると確信しておりますので
こちらもぜひご参加ください。

・《セミナータイトル》
https://＊＊＊＊

※展示ブースの様子はこちらをご覧ください。
https://＊＊＊《↑当日のブース写真掲載サイトへのリンク》

ご質問等があれば、お気軽にご連絡ください。よろしくお願いいたします。

株式会社●●　営業部　□□

いかがでしょうか？　見込客の心に刺さるブースキャッチコピー、特典企画、展示会後のイベントなど、来場者の心にフックをかけるキーワードを使っていますね。

「成果につながる最終段階のスタート地点」＝「お礼メール」をつくるためにも、展示会前の準備や仕込みが重要だということに、お気づきいただけたのではないでしょうか？

準備→当日→フォロー→受注という一連のプロセスを一気通貫でつくりあげていくことが肝心です。初動時から決して手を抜かないことが後々の大きな成果につながることを常に意識して下さい。

4 「そのうち客」との関係はこうやってつなぐ！

無料特典企画によって、あなたの会社の商品・サービスを今すぐほしいと考えている『今すぐ客』に対するフォローは確実にできるようになります。これによって、展示会での成果を大きく高めることができます。

しかし、来場者の中には、「今はまだいらないよ」という『そのうち客』も数多く存在します。むしろ、『そのうち客』の方が、今すぐ客よりも絶対数が多いでしょうね。

この**『そのうち客』に対してどのようにフォローすればよいのでしょうか？**

「無理やりにでもアポを取って売り込むんだ！」

こう思ったあなた、注意が必要です。あなたも逆の立場になればわかるはずです。

あなたが**「必要だと思うけれど、今はまだいらない（早い）な。そのうち時期が来たら買おうかな」と好意的に思っているところに、**「頼みます！　ぜひ今すぐ買ってください！」としつこく売り込んできたとしたら・・・。

もう二度とその会社から買おうとは思わなくなってしまうはずです。せっかくの見込み客を、良かれと思ってがんばってフォローしたのに、その結果、見込み客を自分で台無しにしてしまっては悲しすぎますね。では、どうすればよいのでしょうか？

『そのうち客』に対しては、フォローしたい気持ちをグッと押さえて嫌われないように、ジッと耐えて放置しておくしかないのでしょうか？

そんなことはありません。前述の通り、『そのうち客』も、あなたの会社の出展商材に興味を持っていることは間違いありません。だからこそ、数あるブースの中で、わざわざあなたの会社のブースに立ち寄って、名刺を差し出してくれたのです。

それなのに、放置してしまっては、あなたの会社のことを忘れられてしまいます。

それでは、せっかくの展示会準備や当日の出会いが無駄になってしまいます。

このような事態を回避するためには、見込み客に忘れられないように関係をつなぎつつ、でもしつこすぎて嫌がられないようにすることが重要です。ではどのようにすれば、そんなことができるのでしょうか？

答えは、定期的に興味を持ってもらえるようにすることです。具体的には、**相手にとって「役に立つ情報」を発信・提供すること**です。そのツールとしては、まずはコストもかからないメールマガジンを発行することをお勧めします。
このメールマガジンの内容にも注意が必要です。内容が、単にあなたの会社の商品のスペックや価格を紹介するだけのものになっては絶対にいけません。それでは、売り込みと思われてしまい、嫌われてしまいます。そうではなくて、出展コンセプトに則って、見込み客の「役に立つ情報」を提供するのです。

「役に立つ情報をメールマガジンで提供するとよいと言われても、そんなのライターでもないのに書けないよ。」

そう思われたあなたも安心してください。だれでも、簡単に、見込み客の役に立つ情報を文章化することができる方法があります。わたしはこの方法を、エッセイストで著者養成学校を主宰する潮凪洋介さんから教えてもらいました。

その方法とは、次の7つのブロックにわけて文章をつくっていくやり方です。

①「○○な時がありますね」＝シチュエーションの設定
②「そんな時は●●しましょう」＝問題解決アドバイス
③「そうすると□□になることができます」＝結果の説明

メールマガジン原稿の書き方

1 **シチュエーションの設定：**「○○な時がありますね。」

2 **問題解決アドバイス：**「そんな時は●●しましょう。」

3 **結果の説明：**「そうすると□□になることができます。」

4 **理由の説明：**「それは■■だからです。」

5 **禁止事項の説明：**「でも××すると◆◆になってしまいます。」

6 **事例：**「Aさんは●●をして□□になることができました。」

7 **1.2.3をつなぎ、再度結論として言う：**
「○○な時は●●しましょう。□□になることができますよ。」

④「それは■■だからです」＝理由の説明

⑤「でも××すると◆◆になってしまいます」＝禁止事項の説明

⑥「A社は●●をして□□になることができました」＝事例

⑦「○○な時は●●しましょう。□□になることができますよ」＝①②③をつなぎ、再度結論として言う

この7つのブロックを使うと苦手な人でも簡単に文章を書くことができます。

実際の例を、わたしが過去にメールマガジンに書いた文章を例に解説していきます。

①「○○な時がありますね」＝シチュエーションの設定

・社長であるあなた！

「なぜ、うちの商品の良さが、きちんとお客さんに伝わらないのだろうか？
こんなにも素晴らしいのにぃ！」
そんな風に思うときがありませんか？

②
「そんな時は●●しましょう」＝問題解決アドバイス

・そんなときは、商品の良さを伝えようとするのをやめてしまいましょう。
え？　じゃぁ、どうすればいいかって？　ズバリ言います。

そんなときは、社長であるあなたの半生や商品の開発秘話をストーリーにして、お客さんに語りかけるのです。

③
「そうすると□□になることができます」＝結果の説明

・そうすることで、かなりの確率で
「どうせ同じような商品なのだからこの会社から買おう」となります。

④
「それは■■だからです」＝理由の説明

・なぜ、そうなるのでしょうか？　それは、ストーリーを語ることでお客さんの共感を得ることができるからです。人は、だれしも、心の奥底でだれかと共感・共鳴したいと思っています。あなたの半生や開発秘話というストーリーが人間の根源的欲求を呼び覚ますのです。

半生をストーリー化するにはコツがあります。それは、よかったこと、うれしかったことだけでなく、つらかった経験、苦しかったことも書くということです。人は、谷（つらかったこと）と山（よかったこと）のギャップに共感を覚える動物なのです。だからでしょうね。

古今東西の神話、有名な政治家の演説やハリウッド映画、ドキュメンタリー番組もすべて、谷と山のギャップを語ることで、共感や感動を生み出しています。

⑤「でも××すると◆◆になってしまいます」＝禁止事項の説明

・でも、だからと言って、不幸自慢をしないでくださいね。

あまりにも悲惨すぎる過去は、お客さんをドン引きさせてしまいます。注意しましょう。

⑥「A社は●●をして□□になることができました」＝事例

・大阪市内にある工具卸業X社の2代目社長は、商品やサービスで差別化できず、業績不振に陥っていました。しかし、あるとき、自分の半生を記載したA4のレターを営業マンに持たせるようにしてみたのです。
・本当は会社を継ぎたくないと思っていたこと
・先代の創業社長との確執
・古参社員との軋轢
・あるお客さんの一言に救われたこと
・今、目指していること・・・などなど
するとどうなったでしょうか?
そうです。このことによって、X社の業績は急回復したのです。

⑦「○○なときは●●しましょう。□□になることができますよ」＝①②③をつなぎ、再度結論として言う

・商品やサービスで差別化できない。そんなときは、社長であるあなたの半生や商品の開発秘話をストーリーにしてお客さんに語りかけましょう。
そうすることで、お客さんの共感を引き出し、指名買いしてもらうことができるはずです。

いかがでしょうか？　あなたやあなたの会社の営業パーソンも、**日ごろお客さんと接しているときに、思いがけず、お客さんから、「へぇ〜、そうなんだぁ。知らなかったなぁ」と言われることがあると思います。**そういった内容を、この7つのブロックを使って文章化し、メールマガジンとして発信するのです。

メール配信の頻度は、週に一回程度がよいでしょう。お奨めは、社員さんで持ち回りにすることです。事業年度の初めに、あらかじめ、メールマガジン配信日と文章作成担当者を決めておくとよいでしょう。

ただし、向き不向きもあります。文章作成が苦手な方にとっては、こちらが思うより大きな苦痛を感じたり、最悪、間に合わずに配信が遅れてしまうこともあります。また、下手な内容の文面を配信すると会社のブランドにも傷がつきますので、ある程度経ったら文章作成に適正のある社員さん数名に絞りこむとよいでしょう。その方がスムーズに配信を行えます。

このようにして、**定期的に見込み客にメールマガジンを配信し、関係性を保ってお**

くと、見込み客に「そろそろ購入を検討する」というタイミングが来た時に、あなたの会社に必ず問合せが入るはずです。その結果、展示会で獲得した名刺を限りなく無駄にせずに、顧客化することができていくのです。

『そのうち客』を無理やり追いかけすぎてはいけません。**「会えない時間が愛育てるのさ♪」**の精神で、メールマガジンを活用し、展示会で出会った際の良好な関係性を保ちましょう。

5 展示会は、遊びでもお付き合いでもない！

本書ではここまで、準備→当日→フォローの順に、確実に成果を上げる展示会営業®プロセスについてお伝えしてきました。ここまでお読みいただいたあなたは、展示会営業®プロセスの全体像を理解いただいたと思います。

全体像を把握いただいたところで、最後に、もっとも重要な点についてお伝えします。それは、目標値についてです。

展示会出展は、言うまでもなく、遊びでもお付き合いでもなく、売上アップのための手段です。だから、きちんとした目標値を設定した上で出展しなければいけません。

では、どのように目標値を設定すればよいのでしょうか？

まず、受注に至るまでのプロセスを整理しましょう。展示会営業Ⓡプロセスに則って進めていった場合、受注までのプロセスは、名刺獲得→特典申込→案件化→受注となるはずです。特典申込とは、本章の前半でお伝えした"空気環境測定&ウィルスチェック診断"のような、来場者にとって魅力的な無料特典に申し込んでもらうことです。

このプロセスごとに目標値を設定するのです。その際のコツは、最終的に得たい成果から逆算することです。

たとえば、最終的に得たい成果が受注を3件獲得することだったとしましょう。受注のためには案件化が必要です。ここで重要になるのは、案件化した商談の中から何パーセントが受注するかという受注率です。あなたの会社の受注率はどのくらいでしょうか？　もしも、受注率が20%なら、案件化した商談は15件必要ですね。

次に、案件化のためには特典誘導が必要です。特典申込からの案件化率が30%なら、特典申込は50件必要です。

さらに、名刺交換から特典に申し込んでくれる来場者の割合を考えます。この特典

最終的に得たい成果から逆算して、プロセスごとの目標を数値化する

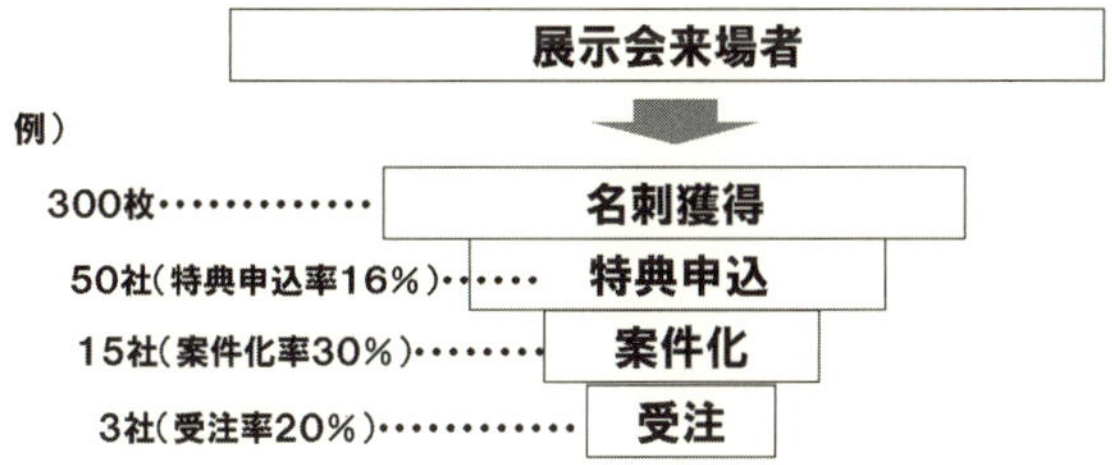

申込率が16％だとすると名刺獲得は３００件必要です。

多くの企業が展示会に出展する際に目標値を設定していなかったり、設定していても名刺獲得数のみだったりします。しかし、それでは不十分です。**展示会で確実に成果を上げるためには、展示会の出展前の準備段階から、このように、プロセスごとの目標値を最終的に得たい成果から逆算して設定し、その目標値を全社で共有し、達成に向けて取り組んでいくことが重要**なのです。

6 意外？　展示会で成果を出すための最後のピース

しかし、ここで注意が必要です。たしかに、目標値を設定して、その達成に向けて全社で取り組んでいくことは重要です。スタッフの人数が多い場合は、それぞれの目標値を人数で割り算して、スタッフ一人ひとりに割り付けることも必要でしょう。しかし、これをやりすぎるとある弊害が生じる危険性があります。

その弊害とは、目標値が、イヤなのに無理やりやらされているノルマのような存在になってしまうことです。

「あ〜、また、目標値ですか。自分の分はこれですね。はいはい。わかりましたよ。やればいいんでしょ。やれば・・・」

もしも、こんな風にあなたの会社の営業パーソンが思っているとしたら、残念ながら展示会で成果を出すことはできないでしょう。

イヤイヤ取り組んでも成果が出にくいのは、どんなことでもそうなのですが、**展示会の場合は、特に、やらされ感満載は絶対に厳禁です。**なぜなら、展示会は、イベントであり、ある意味お祭りだからです。お祭りにイヤイヤ感、やらされ感は絶対にいけません。来場者は敏感に、そして無意識に、そのブースのスタッフが自らイキイキと動いているのか、それともやらされ感でイヤイヤ動いているのかを見極めます。そして、やらされ感が垣間見えるブースには、決して立ち寄らないのです。

困りましたね。やらされ感が出てしまうくらいなら目標値を設定するのを止めてしまった方がよいのでしょうか？　いいえ、それでは、展示会出展がただのお遊びになってしまいます。では、どうすればよいのでしょうか？

実は、展示会営業®ノウハウでは、この問いにも明快な答えを用意しています。それは、**展示会の取り組みそのものをゲーム化すること**です。目標値をゲームの得点として、各自が競い合いながら取り組んでいくのです。

ゲームには、人を動かす大きな力があります。このあたりは、拙著「飛び込みなしで新規顧客がドンドン押し寄せる展示会営業術（ごま書房新社）」に詳しく書いていますので、ご興味がある方はぜひお読みください。

7 展示会を最高に楽しいゲームにする

どのようにすれば、展示会での取り組みをゲーム化できるのでしょうか？　やり方はむずかしくありません。各段階の目標値をゲームの得点にすればよいのです。

まず、**展示会を起点として受注に至るまでのプロセス**がどのようなものだったか思い出してみてください。

名刺獲得 → 特典申込 → 案件化 → 受注

典型的なプロセスはこうでしたね。

次に、これらをゲームにしてしまうのです。たとえば、これらのプロセスは以下のようにゲーム化できませんか？

・名刺コレクションゲーム
・特典申込エントリーコンテスト
・案件化レース

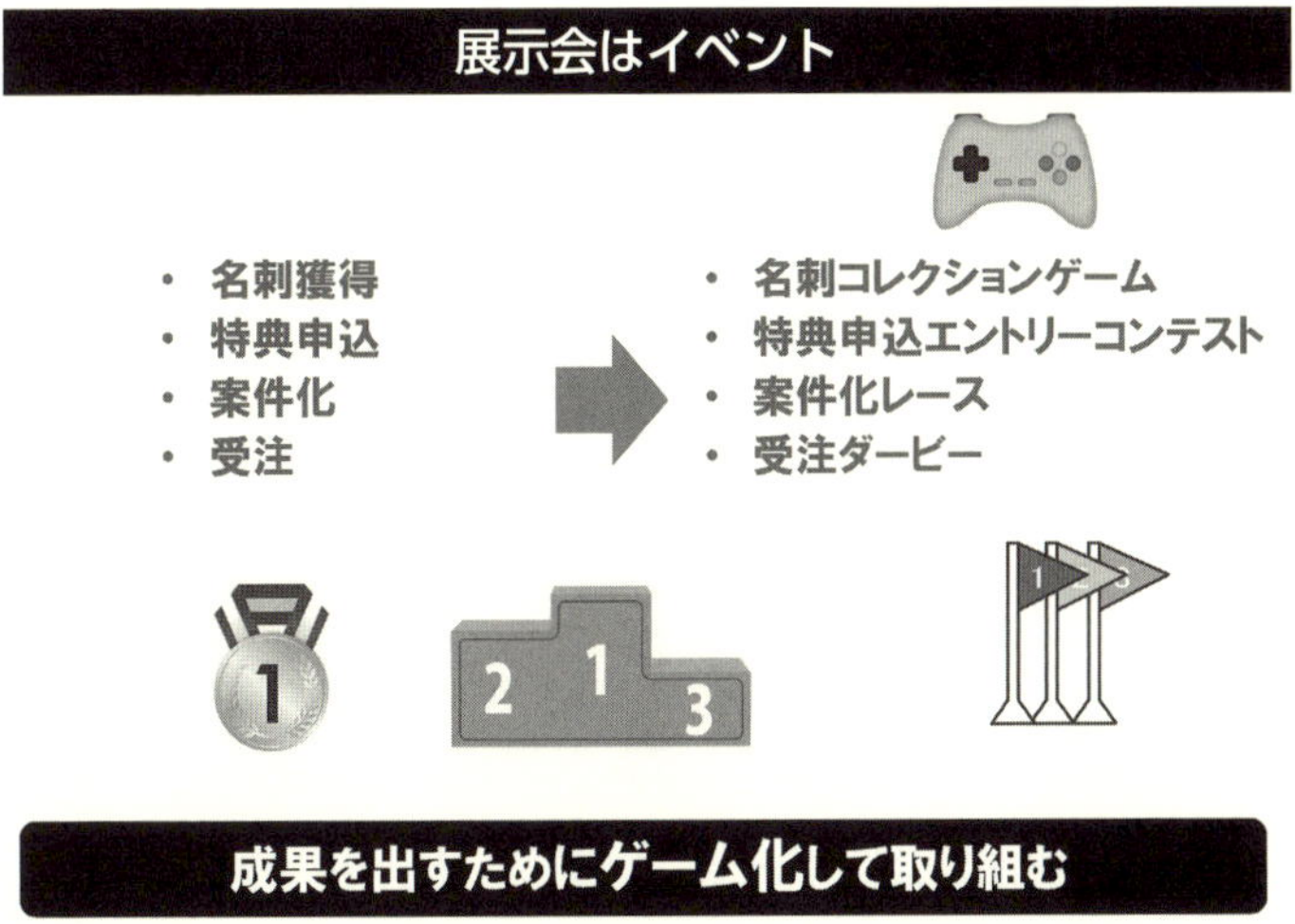

・受注ダービー

どうです？　おもしろそうに感じませんか？　これならあなたやあなたの会社のスタッフも楽しく、積極的に展示会営業に取り組めそうではないですか？

人手が少なく、知名度が低い中小企業が展示会で成果を上げるためには、ゲームの力を使うことはとても重要です。あなたの会社も展示会で大きな成果を上げるために、準備段階からフォローまでの展示会の一連の活動をゲーム化するという発想で取り組みましょう。

いかがでしたでしょうか？　本書では、

展示会を活用して確実に成果を上げる方法についてお伝えしてきました。展示会営業®ノウハウには、売上アップはもちろん、他にもさまざまな効果があることに気づいていただいたのではないでしょうか？　あなたの会社も、ぜひ本書を参考に展示会営業®に取り組んでほしいと思います。

あなたの会社が、本気で展示会営業®に取り組んだなら、売上はもちろん、会社の未来が大きく変わると確信しています。

第5章をまとめてわたしがご説明する動画をご用意しています。
こちらもぜひご覧ください。
URL：https://1.tenzikai.jp/nbdouga

●コラム●

「営業VS製造」部門間の壁を乗り越える

わたしは、1195社の中小企業さんの営業現場を見てきました。1000社以上も見ていると、ほぼすべての会社で共通して起こっていることが、だんだんわかってきます。それは、「営業部門と非営業部門の仲が悪い」ということです。メーカーさんでは、製造部門と営業部門がだいたい対立しています。卸売業なら、仕入れ部門と営業部門がドンパチやっているのです。

「部門間の対立がなければ、もっと飛躍できるのに・・・」

コンサルタントとして、こんな風に思ったことも一度や二度ではありません。

では、なぜ、このような営業部門と非営業部門の対立が起こるのでしょうか？

少し考えてみましょう。たとえば、メーカーの場合の各部門の思惑を見てみましょう。

製造部門のミッションは、コストダウンです。製造部門が、自部門のミッションを達成するためには、数多くの注文を並べて最も効率のよい順番や段取りで製造することが重要です。つまり、製造部門では、受注してから納品するまでのリードタイムが長ければ長いほど都合がよいのです。

それに対し、営業部門はどうでしょうか？　営業部門は、必ず短納期を要求します。お客さんは常に、「急げ」と言うからです。営業パーソンはお客さんの代弁者です。ですから、必ず営業部門は短納期を要望することになります。

別の観点でも考えてみましょう。製造部門は、生産量が常に一定の時に最も効率よく製造することができます。つくる量が増えたり減ったりしたら製造コストが上がってしまうわけです。

では、営業部門はどうでしょうか？

受注というのは取れる時に取っておかないと取れない時には取れないものです。受注量に必ず山と谷ができます。これが営業なのです。谷をわざわざつくるわけではありませんが、山を高くしようとすると、自然と谷も深くなってしまうのです。「受注の早期締め切り」VS「短納期」、「生産量一定」VS「山谷」。これでは非営業部門と営業部門の話が合うわけがないですね。

今回はメーカーの場合で考えましたが、卸売業などの非製造業でも同じです。営業部門が営業をガンガンやろうと思ったら、製造や仕入部門、開発部門と話が合わなくなります。合うわけがないのです。これが現実です。

まさに「部門間の壁」です。部門間の壁はどんな企業にも必ず存在し会社の業績アップを阻んでいます。

部門間には見えない壁がある

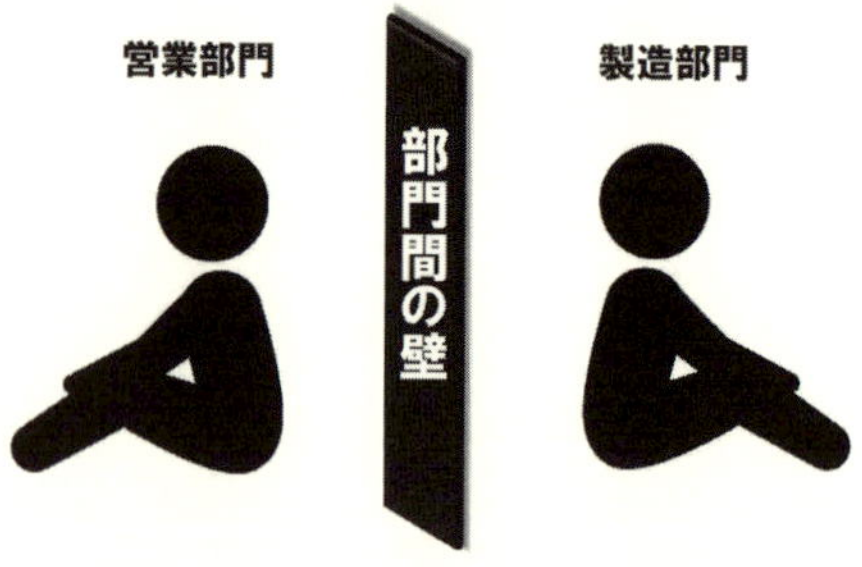

もしも、あなたの会社が、人材も資金も豊富な

大企業ならこのような部門間の壁を放置しておいても大丈夫かもしれません。しかし、あなたの会社が、人もお金も不足している中小企業なら、業績アップを阻む部門間の壁は、是が非でも取り除く必要があります。

部門間の壁をぶち壊すためには、部門間の壁の正体を見極める必要があります。部門間の壁には実は、2種類あります。

ひとつ目は、「物理的壁」です。物理的壁というのは物理的な距離が離れていることです。営業部門と製造部門、営業部門と仕入部門、開発部門、物流部門やお客様センターは座席が離れているはずです。工場、物流センターやコールセンターなどがある場合は、場所そのものが違うケースもあるでしょうね。これが物理的壁です。

この物理的壁を乗り越えるのは、比較的簡単です。テクノロジーを使えばよいのです。今では無料でテレビ電話もできますから、物理的な距離の制約にとらわれずに、密度の濃いコミュニケーションをとることができますね。

しかし問題はもうひとつの壁なのです。ふたつ目の壁は「心の壁」です。部門間の壁というのは、そもそも、この心の壁からできているようなものなのです。

この心の壁を乗り越えるには一体どうすればよいのでしょうか？

わたしは、その答えは、本気でケンカすることだと思います。

「あぁ、あいつらに言ってもムダだ。ほっておけ、ほっておけ」

言いたいことがたくさんあるのに、言わずに黙っている。これが、最悪の状態です。こうなってしまっては、時間が経てば経つほど、部門間の壁が、高く、そして分厚くなってしまいます。

では、本気でケンカをするために、どうすればよいのでしょうか？

営業部門、製造部門、開発部門、仕入部門などから選抜されたメンバーによる部門横断的なプロジェクトチームをつくりましょう。そして、プロジェクトチームで共通のテーマを本気で目指すのです。「本気で」というところがポイントです。お互いがお互いの要求を突きつけ合うシビアな仕事をするからこそ、プロジェクトチームに成果が出るのです。もちろん、社長さんは、プロジェクトオーナーを務めます。

わたしは、このような、部門間の壁をぶち壊すための部門横断的なプロジェクトチームが取り組むべきテーマとして最適なのが、他ならぬ展示会出展だと思うのです。

製造部門、開発部門、仕入部門など、日ごろ直接、お客さんと接することのない非営業部門のメンバーも、展示会に出展するとなると、ダイレクトにお客さんのことを考えざるを得ません。展示会の当日は、見込み客である来場者との対話もあります。

展示会に出展するということは、たくさんのライバル企業の中に身を置くということでもあります。そうした中で成果を上げるためには、心の壁などにとらわれている余裕はないはずです。展示会出展は、きちんと準備をしていくと最低でも3～6か月はかかります。さらにその後のフォローも考慮すると1年以上にわたる長期プロジェクトになります。1年以上もの長期にわたって、さまざまな部門のメンバーが、お客さんのことを真剣に考え、ライバル企業を意識しながら、本気で知恵を絞る期間を過ごせば、きっと心の壁もなくなっていくはずです。

わたしは、展示会出展をきっかけとして、部門間の壁を取り除くことに成功した中小企業さんを数多く見てきました。

展示会出展は、部門間の壁に風穴を開けるきっかけにもなるのです。あなたの会社も、もし、セクショナリズムや部門間の見えない対立が気になるなら、ぜひ、展示会出展をうまく活用してほしいと思います。

第6章

展示会のプロフェッショナルたちに聴く！

1、展示会主催のプロフェッショナル：日本能率協会

本書でもお伝えしている通り、「展示会への出展はなんとなく惰性でしているだけだ」「出展しても成果を感じない」、そんな声をよく耳にします。
しかし、展示会の趣旨を理解して効果的な出展をすれば、必ず成果を大きく上げることができます。そのためには、展示会主催者側の意図を知ることも大切。そこで、国内外の展示会を主催する「一般社団法人　日本能率協会（JMA）」の産業振興センターでディレクターを務める小宮太郎さんに、展示会主催者側の思いを伺いました。

【一般社団法人　日本能率協会（JMA）】

設立：1942年3月／会員数：1,345社（2018年4月1日現在）

マネジメントに関する調査研究や人材教育、専門展示会などを通して経営革新を図り、各産業の振興をサポート。展示会においては、製造やインフラ産業から食、サービス産業まで、幅広い分野の展示会を主催している。2015年からは、世界有数の展示会主催企業であるドイツメッセ社と提携し、世界最大級の産業見本市であるハノーバーメッセをはじめ、同社の主催する国際的な展示会の出展・来場促進もおこなっている。

◆産業界の声から生まれる展示会

清永：ＪＭＡさんの場合、展示会主催のほか、人材教育やＩＳＯの審査や登録、認証など、幅広く手掛けておられますが、全体の事業の中で展示会の位置づけをどのようにお考えですか？

小宮ディレクター：われわれの主催する展示会は位置づけとしては〝産業振興の手段〟ですね。基本的にはＢｔｏＢの展示会がメインですが、１９６０年の「メンテナンス・ショー」以来60年近い歴史もあるため、これまでやってきたことも磨きつつ、今の時流に合ったものをどんどんつくり出していこうというスタンスで取り組んでいます。

清永：新旧を融合させながら時代の流れに沿うものへと変えていくことは大切だと思います。新たな展示会をつくり出す際は、どのようなことに重点を置いているのでしょうか？

小宮ディレクター：外の方々の要望を聞くことです。日本の名だたる企業のトップの方が多数参画されている経営審議員制度や評議員制度を有しているので、こういった方々から意見や課題、ＪＭＡでしてほしいことなどを聞き、そこに応えるというのが基本です。また、さまざまなカンファレンスや、展示会の企画委員などからも意見を集めているので、独自につくるというよりは、産業界と一緒につくり上げていくといったイメージでしょうか。現在、年間で大小合わせて30本ほどの展示会を主催していますが、今年はあと10本くらい増やす方向です。

清永：関係者の声を拾うことでより産業の振興へ根付いた展示会が開催できるというわけですね。方向性が明確な展示会が増えることは、出展社側も具体的な対策をしやすく、成果を上げやすくなりますので、とてもうれしいです。ちなみに、ここ最近では、どのような要望が多いですか？

小宮ディレクター：例えば、さまざまな業界との掛け合わせによる技術の新たな活用や、インバウンドが増えても日本の産業界にお金が落ちていないことを課題としたナイトタイムエコノミーの普及などが挙がっています。

◆来場者にメリットとなる情報提供が出展効果を高める

清永：前作「飛び込みなしで新規顧客がどんどん押し寄せる展示会営業術」でも書いた通り、出展を有効にするには、来場者の関心に基づくブース作りやフォローをおこなうなど、「売り込む」から「教える」にシフトすることがとても重要なのですが、よりマッチングを高めるためには、来場者の質も大切だと思うんです。主催者サイドとして、来場者の質を上げるためにされている工夫などはありますか？

小宮ディレクター：来場者や出展者の生の声を配信するなど、デジタルマーケティングで来場者を啓発・育成する試みを今年から始めています。というのも、清永さんのおっしゃる通り、一方的に告知をするだけではダメで、受け手のメリットになる情報を配信することが来場促進につながるのではないかと思いまして。

清永：主催者、出展社としてのちがいはありますが、基本は同じですね。いかに来場者の心を動かせる情報提供ができるか。わたしは、御社の出展社説明会にも参加したことがありますが、「ただ漫然と出るだけではダメ」というメッセージを強く感じました。マッチングサービスや効果的な出展プラン、プレスリリースなど、出展社のサポートメニューも充実している印象です。

小宮ディレクター：我々のありたい姿としては、総合商社と広告代理店、コンサルティング会社を合わせて、経済団体で割ったような、中立的な存在です。なので、ただ場所を提供するだけではなく、来場者へはきちんと情報を提供して購買につながる道筋を作り、出展者には、展示会で集めた名刺をいかに売上につなげていくかという情報提供をおこなって、展示会全体の価値を高めていけるように取り組んでいるんです。マーケティングのノウハウをスマートフォンで学べるデジタルコンテンツも提供しているので、出展者にはぜひそちらを受講していただき、成果につなげてもらいたいですね。

清永：確かに、展示会後のフォローでも売上は大きく変わります。名刺を獲得しただけで満足してしまったり、相手の立場を考えずに片っ端からアポをとったりする企業も多いですがそれは良くないやり方です。関係を継続させながら啓蒙・育成して、いざというときに買ってもらえる土壌を育てていくことが重要だと考えています。展示会での出会いは、上手に活用すれば来場者・主催者、両者にとって幸せな結果をもたらす可能性が高いので、とくに知名度がそれほど高くない中小企業にとっては、テレアポな

どよりよっぽど効果的だと感じますね。

小宮ディレクター：展示会は五感でリアルに感じてもらえますからね。主催者としても、よりマッチングできる出会いを生むためにはどうすればいいかを常に模索していて、来場者が雨や嵐でも足を運びたくなるような価値や、来場者、出展者双方の期待を超えて、感動を呼べるような内容を打ち出していけたらと思っているんです。その一環として、デジタルを利用して来場者や出展者の声をもっと反映させる方法を試行錯誤している最中なんですよ。

清永：展示会のクオリティを高めることで来場者の質が上がれば、出展社にとっても有益な出会いが生まれやすくなりますからね。長年の歴史があり、優良な会員を多数抱えておられるＪＭＡさんだからこそ集められる声を展示会にフィードバックしていくというのは、素晴らしい取り組みだと思います。展示会はこれからさらに面白くなっていきそうですね！

2、ブース制作のプロフェッショナル　：サクラインターナショナル

言うまでもなく展示会において、ブースの印象は企業イメージや集客率にも大きく影響します。売上や今後の取引に繋がるような成果を生むブースを限られた予算内で設営するには、どうしたらいいのでしょうか？
国内外の展示会やイベントで、会場利用計画からデザイン、施工、運営業務までワンストップでサポートする「サクラインターナショナル株式会社」の取締役でクリエイティブ＆オペレーション本部長でもある五十嵐直人さんに、成果を出すブースの設営ポイントを伺いました。

【サクラインターナショナル株式会社】

創業：1972年／法人設立：1980年2月／資本金：7,270万円／売上高：54.6億円（2017年8月期）／従業員数：211名

“Global MICE Producer”として、国内・海外イベントにて総合企画・デザイン・運営サポート・制作・施工・トータル管理業務などのプロデュースを手掛ける。国内に6つの事務所や工場、ラスベガスやドバイ、シンガポールなど世界各地にも事務所を構え、展示会装飾の再利用システム「SRDS²」や「サクラモジュールシステム」など、部材の独自開発とレンタルも推進。

◆年間2500以上の設営を手掛ける展示会ブース設営のプロフェッショナル

清永：グローバルに取り組んでおられますが、創業当初からディスプレイに特化していたんですか？

五十嵐取締役：創業当初は、機械メーカーを対象としたヨーロッパの専門誌の広告枠を日本企業に紹介する業務をおこなっていました。そこから、日本企業が海外へ出向くための市場開拓をスタートして、1989年あたりから本格的にディスプレイに参入したという流れです。

清永：御社のいちばんの特徴はどのようなところですか？

五十嵐取締役：世界中のMICEのプロジェクトに取り組んでいる点と、社内一貫体制でサービスをおこなっているところです。部材も豊富で、ブースデザインに欠かせないモジュラーシステムは国内トップクラスの在庫を有しています。また、自社で加工や開発をおこなっており、木工システムパネルの「スマパーパネル」や2階建てブース「E²-DOUBLE DECKER」など、独自開発の製品も取り扱っています。

清永：年間どのくらいの施工を手掛けていらっしゃるのでしょうか？

五十嵐取締役：主催者サイドであれば大小あわせて50本くらい、出展社サイドなら2500～2600本くらいですね。

◆成果を出すブースづくりのポイント

清永：かなりの件数をこなしていらっしゃいます

ね！　展示会では売上やその後の継続性が成果となりますが、思うような成果が得られないという出展社も多いんですよね。たくさんの企業と関わっている中で、出展社サイドから感じる問題点はどのようなことが多いですか？

五十嵐取締役：出展することが目的となってしまい、展示会で何をしたいかが明確になっていないかたが多いように感じます。展示会は年間プロモーションの一環なので、事前事後の計画や、展示会終了後の継続的なアプローチ策をしっかり立てた上で出展したほうが、成果を上げられます。

清永：おっしゃる通りだと思います。受注までのプロセスを一気通貫であらかじめ作戦を立てておくということですね。その中でも特に重要なポイントはありますか？

五十嵐取締役：社名やセールスポイントを全面に出してアプローチしようとするかたが多いのですが、社名だけで商材は売れませんし、ユーザー目線で響く言葉を投げかけなければ足を止めてもらうこともできませんからね。

清永：なるほど。わたしの展示会営業®ノウハウでも、来場者目線に立った出展コンセプトやブースキャッチコピーを最重要視しています。それと、ブース制作のプロでいらっしゃるのでお聞きしたいのですが、足を止めてもらうには見せ方も大切だと思うのですが、デザイン面で意識したほうがいいことはありますか？

五十嵐取締役：その商材のクオリティに合わせたデザインであることは大切だと思います。いい商材でも、ブースの造りがチープだとユーザーの目に映る印象が劣ってしまうこともありますから。あと、その商材がどのようなシーンで使われるか、どんなことができるのかを連想しやすい工夫を取り入れるなど、ターゲットとする相手のポイントをおさえることも、デザインを考える上で重要ですね。

清永：ただ漠然と「売りたい！」「かっこいいブースを作りたい！」という方も多いですが、まずは「どういった人にどう伝わるか」を考えることが成果につながるということですね。展示会営業®ノウハウで言うところの出展コンセプトと一貫性があって、「だれのどんな悩みを解決するブースなのか？」がわかるようにするということがやはり重要だということですね。

五十嵐取締役：そうですね。マーケットの基本ではありますが、セグメントやターゲット、コンセプトがはっきりしていれば有意義な出展を実現できますし、わたしたちもお客様のニーズプラスアルファの企画提案を出しやすくなりますね。

◆限られた予算でいいブースを設営するには？

清永：いいブースを作りたい反面、どうしても予算は限られてしまうことが多いんですよね。とくに初めての出展だと、相場すらわからないじゃないですか。施工する立場から、「このくらいの予算は見てほしい」といった金額はどのくらいになりますか？

五十嵐取締役：デザイン込みであれば、1小間40万円くらいかな。相場観に関しては、イメージ写真を10万円刻みで用意しているので、それを見ながらアウトラインを掴んでいただいています。あとは弊社の資材を組み合わせて予算とイメージに近づけていくといった感じですね。

清永：限られた予算内で満足いくブースに仕上げるコツなどはありますか？

五十嵐取締役：いくつかある商材の中でどれをいちばんアピールしたいのか、社名を知ってもらうことや新商品の宣伝など、いくつかある出展目的で何がメインなのかといったように、すべてに優先順位をつけることです。そうすることでコストをかけるべきところと削減できるところが明確になり、予算内でもメリハリの効いたブースを造ることができます。

清永：なるほど！　やはり、1ブース＝1アイテム＝1ターゲットの出展コンセプトが重要ということですね。

それから、予算はそれほどつぎ込めないけど「競合他社と差をつけたい」といったときはどうされていますか？

五十嵐取締役：他社が過去に出展した際のブースを調べて対策を打つケースもありますが、実際は蓋を開けるまで分かりません。なので、競合他社との比較云々よりも、自社のよさが全体から伝わることの方が大事かなと思います。

清永：どんなに対策しても、「今回は趣向を変えてきた！」ってこともありますもんね（笑）。

では最後に、展示会当日にできる成功の秘訣があれば教えてください！

五十嵐取締役：笑顔で元気に接客するとか、積極的に声をかけるとか、当日の対応も含めて"いいブース"に仕上げることですね。せっかく立派なブースができても、近寄りがたい雰囲気で誰も足を止めてくれなかったら意味がありません。社員のアイデンティティは会社のアイデンティティだと思うので、役職が上位の方ほど率先して明るく振舞ってほしいと思います。実際に見ていても、雰囲気のいいブースほど人が集まっていますよ！

清永：ですね。展示会はある意味、「お祭り」ですもんね。ブース対応の活気を出すためにも、展示会での取り組み自体をゲーム化して、取り組むなどの工夫もすると、大きな成果につながりますね！

3、出展社のプロフェッショナル：日建リース工業株式会社

展示会の主役はやはり出展社と来場者です。中でも本書でもお伝えしてきた通り、自らの費用と時間と労力をかけて、成果を出すべく展示会に臨む出展社は主役中の主役です。
ここでは、独力で年間20回以上展示会に出展し、その後、わたしの展示会営業®コンサルティング研修を受講して大きな成果を上げた出展社のプロフェッショナルとも言うべき「日建リース工業株式会社」の代表取締役、関山正勝さんにお話しを伺いました。

【日建リース工業株式会社】

創業：1965年／法人設立：1967年11月／資本金及び剰余金：160億円／売上高：724億円（2017年9月期）／従業員数：1,350名

足場材などの建設用鋼製軽量仮設機材レンタルのパイオニアとして業界を牽引し、建設業界の合理化に寄与。この仮設機材事業の他、ハウス備品事業・物流機器事業・介護福祉用具事業の4つの分野において、創業以来半世紀という長きにわたって培ってきたレンタルノウハウをもって、数多くの企業や利用者にとって価値あるシェアの方法を提案している。

◆展示会に特化したノウハウと、日本随一の場数

清永：わたしのコンサルティングを導入いただいた際に、御社ではどういう課題を抱えていらっしゃったのでしょうか。

関山社長：弊社には主に4つの事業がありますが、あわせて年間20回以上展示会に出展します。わたし自身が来場者として自社の出展ブースを見たときに、問題意識を感じたのがそもそものきっかけですね。

何を売り出したいブースなのか、全く伝わってこない。おまけに社員が防壁とでも言わんばかりにブース前に壁を作っている。それじゃあそもそも、お客さんが入れないでしょう、と。弊社のことを知らない来場者が「日建リース工業」と天井に大々的に書かれたブースを見ても興味を惹かれないでしょうし、ブースに入ったら入ったで、あれもこれも、商品が並べられていて、結局のところ何が「売り」なのか、伝わってこない。おまけにスタッフは名刺の獲得ばかりに必死で。

わたし自身、自社の展示会には必ず足を運ぶようにしていますし、ほぼ毎週、他の展示会にも、「何か自社の参考になるものがあれば」と見に行くようにしているのですが、残念ながらほとんど目を惹かれるブースがないですね。

見にくいブースがほとんどで。字が細かすぎて、相当興味を持って近づく人じゃないと読めないだろうなというようなものもあります。それにも関わらずブースそのものに特徴がなく、セールスポイントがわからないから、そもそも、興味さえ惹かれない。チラシすら置いてないところもありますし。残念なことです。

清永：そんな中で、わたしの前著『飛び込みなし

ですね。

で「新規顧客」がドンドン押し寄せる「展示会営業®」術』をお読みいただいたわけ

関山社長：そうです。わたし自身、中小企業診断士を始めとする数多の経営関係の資格を取得しながら、長年経営の現場で生きてきました。その年月の中で、より実践的な環境に身を置き、場数を踏むことの尊さというのは、身にしみています。１５００円の本を買って、それをそのまま実践できるのならいいですが、「知っている」ことと「できる」ことは違いますから。

展示会で1ブース出展するのにも、結構なお金がかかります。３００万とか、５００万とか。たとえば、３００万なら300万のお金をかけてブースを出展するにしても、素人がそのまま素人考えで実行するよりも、＋αの費用をかけても、きちんと場数を踏んだ方に確かな知識と実践の方法を教えていただいた方が、あとあと得るものが大きいということに気づいたんです。

展示会の運営について、色々と考案し、提案するということにかけては、清永さんはおそらく日本随一ではないでしょうか。場数経験の多さも、その手法に特化したコンサルティングというのも、オンリーワンだと思います。それで、お願いすることにしました。

清永：なるほど。その、＋αのお金をかけて得られる効果というのは、具体的にはどのようなものだと考えていらっしゃいますか？

関山社長：CMにしても、展示会にしても、結局広告としての費用対効果って、算出しづらいものだと思っているんですね、でも、展示会では、見せ方によっては自社の見込み客になりそうな層にターゲットを絞って、そこに一気にリーチすることができる。大変効率的ではないですか？　例えば、1日に一人の営業マンが回れる相手先の件数を5－6件として、そういった日々の繰り返しで見込み客を100件獲得するコストを考えた場合に、展示会に懸ける価値というのはよりわかりやすくなると思います。

清永：関山社長の視点として、展示会を、マーケットとの接点として見ておられるというのが非常に素晴らしいと思います。

関山社長：見せ方のレベルを上げることで、見込み客かどうかもわからない名刺ばかりを1000枚集めるのではなく、よりフォローする価値がある名刺のみを取っていくこともできる。こちらも営業工数には限りがありますからね。ならば、実になるかわからないのに数ばかりを追い求めるのではなく、余計な対象を減らしていくことも重要かな、と。そのようにして確実に見込み客にリーチできるための方法を、展示会という多くの来場者が訪れる場で実践できることを考えれば、目の前の300万に＋αはその時は高く感じても、長い目で見た時にどちらがメリットが高いか、一目瞭然ですよね。

◆受講者が自分たちで考え、成長していくメソッド

清永：実際のコンサルティングは、まず最初に関山社長とお話しさせていただいて、日建リース工業さんにおける具体的な展示会での実情をお伺いしました。「どういった展示会に、いつごろからお出になられているか」「現状、その成果はどのような状況なのか」「そして、それを今後どうしていきたいか」といったようなところですね。

関山社長：実践指導は全4回で各5時間。合計20時間です。編成した6チームを2つに分け、一回につき15～20人、隔週ペースで研修を

行いました。
清永さんの研修のわかりやすかったところは、まず、具体的な目標を「次の展示会での成果」に定めてくださった点です。「次の展示会に向けて、どうターゲットを絞って、どうアプローチしていくか」という、実践ベースの研修を行っていただいたんですね。

清永：そして、次の展示会でのターゲットを具体的に思い描くようなところから、みなさんに考えていただくようにしています。
先ほど関山社長が、「あれこれ商品ばかりが並べられたブースは、セールスポイントが不明瞭」ということを嘆いていらっしゃいましたが、基本的に、展示会のブース作りの基本は、「1ブース、1ターゲット、1アイテム」なんですよ。「アイテム＝ソリューション」と言い換えてもいいですね。まずは具体的に、ポイントを絞り込んでいくことが重要です。

関山社長：清永さんの誘導が上手で、社員同士の議論がまあ活発になるんです。大体の研修っていうのは普通、一種のモデルトークみたいなものがあって、それを受動的に聞くようなシステムのものが多いですが、あれだけインタラクティブな研修というのは、稀に見るものだと思います。

清永：参加していただいた方々に「ご自身で考えていただく」場を作るようにしています。

関山社長：しかも、自分の頭で、なおかつ具体的な実践体験を通じて考えていくから、次の時にも応用が利きやすいし、自分たちで反省ができるんです。
今の世の中、優秀なイベント制作業界のプロの方がたくさんいらっしゃるので、大企業の方も中小企業の方も、イベント運営は外部に投げてしまって、あまり「自社で考える」ということに時間を割かない風潮があると思うんですけど、人間、他人に作ってもらったものにそこまで本気になれるでしょうか？　その点、清永さんは自社の展示会を「自分ごと」にしていく、という姿勢を社内で作っていただくのがすごくお上手で、社員の意識というのは、格段に変わりましたね。

清永：作り手の意識が変わる中で、展示会でのアプローチの姿勢や方法も変わっていくかと思うのですが、展示会における具体的な実践例としては、どのようなアプローチがありますか？

関山社長：例えば、ある日の研修で、清永さんがパワーポイントを使って映像や音楽を駆使して聞き手の興味を惹きつける演出を見せてくださったことがあったんですけど、あれなんか、すぐに採用させていただきましたね。

清永：関山社長は、研修で学んだことを取り入れていただくサイクルがものすごく速かったです。ＰＤＣＡがものすごく速い。

関山社長：ありがとうございます。例えば、イベントにおいても、聴講者に一方的に語りかけるのではなくて、音響や映像の効果を使ってクイズ形式にしてみるとか。参加者に対しても、ご自身の体験を通して楽しんでいただく、ということを、社員全体が心がけるようになりましたね。

清永：「カスタマー・エクスペリエンス」の実践ですね。

関山社長：そうですね。実際社員には、そういう「カスタマー・エクスペリエンス」みたいな意識は無いと思うんですけれども。というのは、清永先生の研修を通じて、もう肌感覚で「自分たちの場所に来てくれたお客さんに、どういう体験をして帰ってもらうか」っていうことが、社員の意識の根底的な部分にまでしみついたからだと思います。展示会のブース作りにおいても、お客さんの動きをストーリーで考える。静止画ではない、動画としてブースの在り方を考えるんです。

清永：お客さんの動線を思い描いて、その中でどういう体験をしてもらって、どういう印象を残すか。というところまで細かく考えていっていただきます。

序盤の講義でそういうことをお話しして、そうなると、もちろん展示会で使うツールも変わってきますよね。差し出す名刺一つとっても、変えていく余地がありますよね。では、具体的にそれらをどう作っていきましょうか。というところまで、続けて実践していきます。

見せ方やツールを意識した出展で、日建リース工業さんのブース実践例として面白かったのは、ビニールハウスの鉄骨部分をお客さんに踏んでいただく、という体験のご提供をされていた例などですね。

関山社長：組み立て式のビニールハウスの鉄骨って、普通は踏んだら曲がっちゃうんですよ。それを、「踏んでも大丈夫なものです！」ということでアピールしたんです。

清永：来場者に、「さぁ、ガンガン踏んでください」って言って、それでなぜか鉄骨を踏むために行列が出来るっていう（笑）。強烈な、印象に残る経験ですよね。

関山社長：それでさらに、その話を聞いて、他のブースを作っている事業部が「うちも負けていられないぞ」って、真剣に考え出したんですね。

清永：自社内で研修を行っていただくことの強みとして、適度なライバル意識の刺激、というのはありますよね。

関山社長：あと、清永さんのメソッドで、「体験ベースでブースに訪れたお客さんに印象を与える」というものに加えて、「アフターフォローをしっかりと行う」といったものもありましたね。それによって、より精度の濃い見込み客の獲得、囲い込みが期待できるという。

清永：実践のノウハウの一つとして、さらっとした商品説明はブースで行うけれど、後日より詳しい内容のセミナーを行うという方法があるんです。普段は有料のセミナーだけれど、この展示会から申し込んだ場合には無料ということにして。特典化するんです。

するとと、自ずと自社の商品に興味のある層が集まりやすくなりますよね。

◆「展示会営業®」メソッド導入による成果

清永：最後に、関山社長が研修を導入して効果を感じられていることを教えてください。

関山社長：やはりストレートに、展示会の運営のレベルが上がりましたね。随所随所での工夫も見られるようになって、社員全体の意識が全く変わりました。ブース内でも、お客さんの入りやすい雰囲気を作って、スタッフらしく見せたり他のお客さんのふりをしたり、臨機応変な対応を取るようになりましたね（笑）。

まず何より、「見せたいものを素直にアピールする、商品がお客さんにどういうメリットをもたらすのか、素直に伝える」ということができるようになりました。

最初に申し上げた通り、実践において場数も重要となるビジネスの場で、とりわけ年に数回しかない「展示会」という分野において経験を積み重ねるというのは、大変なことなわけです。その道のプロから教えていただく手法というのを、素直に学んでみることというのは、強くオススメしますね。

日建リース工業さんは本当に「貪欲に学ぶ」という姿勢が顕著で、普通なら「なんで忙しい日常業務の間に」と思われてしまう研修というものの位置付けを、「会社として重要な業務である展示会のための準備、すなわち重要な仕事の一環」として、社長や部長自ら社員の方々に周知していただいていたんですね。そういった姿勢を会社全体で作っていただいたのと、あとは先ほども申しました通り、学びから実践に取り入れるサイクルがものすごく早い。その2点が、僕の研修を通じて日建リース工業さんに成果を出していただけた、大きな要因ではないかと思っています。

おわりに

最後までお読みいただきありがとうございます。

本書には、展示会出展を売上に直結させるためのリアルなノウハウを実際の事例とともにお伝えしました。展示会やその他の営業活動の場で、今すぐ取り入れることのできるノウハウがたくさんあります。あなたの会社でも、この展示会営業®術をぜひ実践していただきたいと強く思います。

わたしは展示会営業®コンサルタントと名乗っていますが、大げさに言うと、わたしがこう名乗ることになったのは運命なのではないか、と思っています。

そう思う理由は、今から20年以上前にさかのぼります。１９９５年1月17日、阪神淡路大震災が起こりました。この時わたしは、神戸で大学生をしていて、激震地である神戸市六甲に下宿していました。幸い、わたし自身やわたしの仲間は、みんな無事でしたが、まわりの状況は最悪でした。避難所には人があふれていました。避難所の方々は、日を追うにつれ、肉体的にも精神的にも限界が近づいてきているように見えました。わたしは、当時何の力もないただの大学生でしたが、それでも、「何かしたい」、「避難所の人たちに少しでも元気になってほしい」」、と思い、ボランティア活動などに熱心なシンガソングライターの泉谷しげるさんにチャリティーライブをしてもらうことを思いついたのです。

「あ〜、いいよ！　おれもちょうど神戸の様子を見に行こうと思ってたところだったんだ。アコースティックでいいかい？」

泉谷しげるさんは、二つ返事で引き受けてくれました。

そして、元気回復作戦と銘打ったチャリティーライブの当日。そこには、限界に達していたはずの避難所の方々が、一瞬でもつらいこと、悲しいことを忘れて、本当に楽しそうにしている姿がありました。

わたしは、この時の光景を決してわすれることができません。20年経った今も、ありありと思い浮かべることができます。実は、20年前のその時からわたしは気づいていたのです。イベントには、人を元気にする確かな力があることに。

展示会もイベントの一種です。わたしは、展示会営業®ノウハウを広めていくことで、世の中を元気にしていきたいと本気で思っています。

さて、私の運命についてお話していきましたが、肝心の本書の実践にあたってひとつお願いがあります。ぜひ、あなたの会社が実現したい未来や成し遂げたい志を展示会で発信してほしいのです。

展示会では、『だれの、どんな悩みを解決するブースなのか?』をパッと見てわかるようにすることが重要だと本書の第二章でその具体的な方法とともにお伝えしました。ここで、もう一歩踏み込んでほしいことがあります。それは、『その悩みを解決することで、どういう世の中を実現したいのか』を考えてみてほしいのです。考えるだけではなく、文章にしてください。そして、文章にするだけでなく、それをあなたの会社の社員さん全員で共有しましょう。さらに、それを、展示会場で、恥ずかしがらずに、来場者にドンドン発信してほしいのです。

『その悩みを解決することで、どういう世の中を実現したいのか』というのは、創業の想いやビジョンと呼ばれるようなものです。多くの企業では、これが、文章になっておらずあいまいなままだったり、文章化されていても形だけになっていたりします。

それってすごくもったいないなぁと思うんです。『こんな世の中を実現したい!』という想いには確かな強さがあります。その想いを共有できた時、社内の一体感は格段に高まります。さらに、見込み客や既存客の共感を生み、それがあなたの会社の商材の購入の決め手になったりすることさえあります。

わたしは、「展示会は、中小企業が自社の想いや志を世の中に堂々と宣言するための最高の場だ」と信じています。ぜひ展示会出展の準備をする際には、『その悩みを解決することで、どういう世の中を実現したいのか』を深く考えてみてください。展示会出展を、あなたの会社の想いや志をあらためて見直し社内の一体感を高める機会にもしてほしいと強く思います。

最後に、本書の出版にあたりましては、本当に多くの方々のご協力をいただきました。この場を借りて御礼申し上げます。

まずは、本書の帯推薦をいただきました、日建リース工業株式会社の関山正勝社長、株式会社シーンズの杉田真浩社長には本当に感謝の限りです。ご多用の中、ありがとうございました。

いつもスピーディーで的確なレスポンスをくださる株式会社アームズ・エディションの菅谷信一社長、心から感謝しています。

株式会社NIコンサルティングの長尾一洋社長には、わたしがコンサルタントとして仕事をする際の背骨をつくっていただきました。本当にありがとうございます。

スーパーペンギン株式会社の竹村尚久社長に教えていただいた展示ブース装飾やブース対応方法を本書に書かせていただきました。本当にありがとうございます。

また、株式会社エクスウィルパートナーズ・志師塾の五十嵐和也社長、インタメクラブ主宰・株式会社インタメプロダクションの渋谷文武社長、株式会社ハートランドの潮凪洋介社長、株式会社クランプの冨永一正社長、番組プロデューサーの松パパこと松本哲浩さん、株式会社MICE研究所の田中力社長ほか、たくさんの方には日頃よりお世話になり深く感謝しています。

本書への実名掲載を快諾いただいた有限会社エドランド工業様、株式会社オーアンドドケー様、オークス株式会社様、株式会社くらしのリーザ様、株式会社シーンズ様、株式会社スマートスケープ様、株式会社テレコム様、日建リース工業株式会社様、丸和貿易株式会社様、有限会社ミヤタデザインスタジオ様、株式会社LACOMS様、株式会社和田萬様、本当にありがとうございます。

そして、ご多用にも関わらず取材に対応していただいたサクラインターナショナル株式会社の五十嵐直人取締役、一般社団法人日本能率協会の小宮太郎ディレクター、心から感謝申し上げます。

そして、わたしには思いつかない視点を与えてくださった、版元のごま書房新社編集部の大熊賢太郎さん、本当にありがとうございます。

他にもここには書き切れませんが、展示会営業Ⓡノウハウを一緒に進化させていってくださるクライアント企業の皆様やビジネスパートナーの方々、わたしを育ててくれた両親、いつもわたしを支えてくれる妻、そして何より今この本を手にとってくださっている皆様に、心から感謝を捧げます。

あなたの会社の展示会出展が大きな成果を生むことを心から願っています。

2018年8月　大阪より東京に向かう新幹線車中にて

展示会営業Ⓡコンサルタント　清永　健一

◆参考書籍

『飛び込みなしで「新規顧客」がドンドン押し寄せる「展示会営業®」術』清永健一（著）ごま書房新社
『営業の見える化』長尾一洋（著）KADOKAWA
『展示会データベース2018』ピーオーピー
『効果4500倍！ LINE@ ”神“ 営業術』菅谷信一（著）ごま書房新社
『YouTube大富豪の7つの教え』菅谷信一（著）ごま書房新社
『激動社会の中の自己効力』アルバート・バンデューラ（編集）本明寛、春木豊、野口京子、山本多喜司（訳）金子書房
『見せるだけで売れてしまう「事例広告」の方法』村中明彦（著）ダイヤモンド社
『人生は「書くだけ」で動き出す』潮凪洋介（著）飛鳥新社
『仕事のゲーム化でやる気モードに変える』長尾一洋・清永健一（著）実務教育出版
『営業のゲーム化で業績を上げる』長尾一洋・清永健一（著）実務教育出版
『カリスマ講師 THE バイブル』渋谷文武（著）サンクチュアリ出版
『最強の営業ツール「儲かる名刺」の作り方』古土慎一（著）日刊工業新聞社
『たった90日であなたの先生ビジネスは絶対儲かる』五十嵐和也（著）秀和システム

～本書の読者様限定　無料特典～

著者自身が講師を務める

展示会営業®セミナー無料ご招待

〈先着100名様〉

～展示会出展で成果を上げたい方へ～

著者である清永健一自身が講師を務める展示会を活用して売上を増加させる日本唯一のノウハウをお伝えするセミナーです。

生々しすぎて書籍では書けなかった裏事情なども数多くお伝えします。

東京・新宿で毎月開催しています。ぜひご参加して、セミナーでしかお伝えしていない生ノウハウを手に入れてください。

https://1.tenzikai.jp/seminar

から、お申込みください。

※必ず、紹介者欄に、『書籍特典』とご記入ください。
書籍購入者さま限定特典により、無料ご招待となります。
※先着100名様になり次第無料特典は終了させていただきます。

展示会営業®
売上アップ実践会

出展コストの33倍売る！展示会営業®
https://www.pure-consul.com/

Pure Consulting

プロフィール

著者　清永 健一（きよなが けんいち）

株式会社ピュア・コンサルティング代表取締役。展示会営業®コンサルタント、中小企業診断士。奈良生まれ、東京在住。神戸大学経営学部卒業後、リクルート映像、メガバンク系コンサルティング会社など複数の企業で手腕を発揮し、2015年に独立起業、(株) ピュア・コンサルティングを創業する。現在は「展示会に出展する企業に出展コストの33倍売るノウハウ伝える日本唯一の展示会営業®コンサルタント」として活躍中。中小企業への売上サポート実績は1195社を超える。また、先生業の顧客獲得で1000件の実績を有する志師塾の統括講師も務めている。

著書に『飛び込みなしで「新規顧客」がドンドン押し寄せる「展示会営業®」術』（ごま書房新社）『営業のゲーム化で業績を上げる　成果に直結するゲーミフィケーションの実践ノウハウ』『「仕事のゲーム化」でやる気モードに変える　経営に活かすゲーミフィケーションの考え方と実践事例』（共に実務教育出版）がある。

- 著者ホームページ（取材・セミナー依頼はこちら）
  - 株式会社ピュア・コンサルティング
    https://www.pure-consul.com/
  - 【清永健一】 Facebook
    https://www.facebook.com/kenichi.kiyonaga

※「展示会営業®」は、株式会社ピュア・コンサルティングの登録商標です。

3秒で顧客をつかむ！
コスト効果3300％の
「展示会営業」術！

著　者　清永 健一
発行者　池田 雅行
発行所　株式会社 ごま書房新社
〒101-0031
東京都千代田区東神田1-5-5
マルキビル7F
TEL 03-3865-8641（代）
FAX 03-3865-8643
著者近影　タツ・オザワ
カバーデザイン　堀川 もと恵（@magimo創作所）
印刷・製本　倉敷印刷株式会社

ISBN978-4-341-08712-8 C0034